自在力

新・ココロの片づけ術　自在力

やましたひでこ

[日] 山下英子 著

张璐 译

湖南文艺出版社　博集天卷

JIZAIRYOKU: SHIN-KOKORO NO KATADUKEJUTSU by Hideko Yamashita
Copyright © 2013 Hideko Yamashita
All rights reserved.
Original Japanese edition published by Magazine House Ltd., Tokyo
Simplified Chinese translation rights arranged with Hideko Yamashita
through Hana Alliance Consulting Co. Ltd., China.

断舍离®、自在力®系山下英子注册持有，经商标独占许可使用人苏州华联盟企业管理咨询有限公司授权许可使用。

© 中南博集天卷文化传媒有限公司。本书版权受法律保护。未经权利人许可，任何人不得以任何方式使用本书包括正文、插图、封面、版式等任何部分内容，违者将受到法律制裁。

著作权合同登记号：字 18-2024-163

图书在版编目（CIP）数据

自在力 /（日）山下英子著；张璐译 . -- 长沙：
湖南文艺出版社，2024.8. -- ISBN 978-7-5726-1974-8
Ⅰ. B821-49
中国国家版本馆 CIP 数据核字第 2024VA1580 号

上架建议：心理励志

ZIZAILI
自在力

著　　者：[日]山下英子	
译　　者：张　璐	
出 版 人：陈新文	
责任编辑：张子霏	
监　　制：邢越超	
策划编辑：李齐章	**特约编辑**：彭诗雨
版权支持：辛　艳　金　哲	**营销支持**：周　茜　李美怡
封面设计：主语设计	**内文排版**：百朗文化

出　　版：湖南文艺出版社
　　　　　（长沙市雨花区东二环一段 508 号　邮编：410014）
网　　址：www.hnwy.net
印　　刷：三河市中晟雅豪印务有限公司
经　　销：新华书店
开　　本：775 mm × 1120 mm　1/32
字　　数：95 千字
印　　张：7.25
版　　次：2024 年 8 月第 1 版
印　　次：2024 年 8 月第 1 次印刷
书　　号：ISBN 978-7-5726-1974-8
定　　价：45.00 元

若有质量问题，请致电质量监督电话：010-59096394
团购电话：010-59320018

献给我的瑜伽老师和合气道老师

自在力是一种借助断舍离，通过舍弃物品养成的，快乐生活的力量；一种通过精简物品时做出的选择和决断，逐渐确立自我轴，从而获得自立、自由、自在的力量；一种能让人在必要的时候，邂逅必要的物、事、人的力量。它能与给人带来高远视角、广阔视野、深刻洞察的"俯瞰力"一道，掀起一场人生革命。

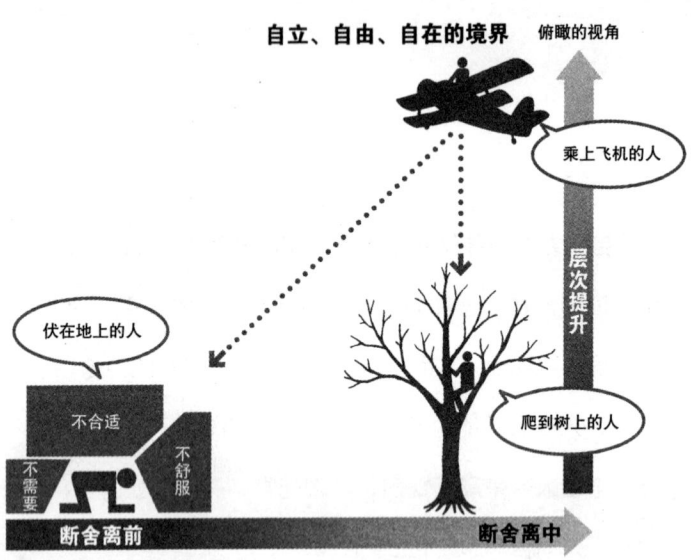

推荐序
个人修行与企业管理是相通的

——张琨

中国医疗健康行业资深专家，

前麦肯锡、埃森哲咨询行业核心领导团队成员，

华润医疗创始团队，前春雨医生CEO

读完《自在力》这本书，我惊讶地发现这不是关于优化个人生活方式的读物，而是提升人生维度的战略实操指南。同时，作为一位身经百战的企业管理者和高管教练，我还受到很多企业管理方法的启示。我十分推荐企业领导者、团队管理者深入阅读此书，体会其中把人生认知和企

业发展融会贯通的精妙。

在《自在力》一书中，山下英子老师以断舍离的理念为核心，阐述了一种通过精简物品，理清自己的思维和情感来提升人生段位的方法。书中提到，通过断舍离，人们可以摆脱"拖拖拉拉、优柔寡断、稀里糊涂"的自己，转而获得自我信赖、自我肯定感，以及理解与包容他人的能力。这种力量不仅适用于物品，也同样适用于处理与自己、与他人、与组织的关系。

作为企业管理者，我也获得诸多有意义的启发，包括：

自我轴与决策： 山下英子老师提到的"自我轴"是个人的核心价值观和信念，对企业管理者来说，自我轴是企业价值观和战略方向，并且这也是各种战术决策的依据。

管理者稳定、健康的价值观内核和"将军赶路，不追小兔"的行动定力是优秀领导力的重要组成部分。

包容与变革：在企业中，管理者需要对员工的情感和心理状态有所理解和包容，这有助于构建一个积极的团队文化，提高员工的工作满意度和忠诚度。同时，断舍离也是持续变革的理念，它要求我们不断适应和接受新的变化。在快速变化的市场需求和竞争格局中，要把企业和团队推出舒适区，提升其适应新环境的能力。

精简与专注：在企业管理中，断舍离的理念可以被应用于精简流程和聚焦核心业务。通过去除不必要的流程和产品，企业可以更加专注于其核心竞争力，提高业务效率、对市场的感知力和响应的速度。

感谢山下英子女士为我们提供了这样一本富有洞察力的作品。《自在力》不仅是一本关于个人生活哲学的书，也是一本关于如何在复杂多变的世界中找到自己位置的指南。作为企业管理者，我还视这本书所传达的理念为一种战略工具，帮助我在领导和管理中做出更明智的决策。

我相信这本书将像《断舍离》一样，对许多人产生积极的影响。期待它的正式出版！

2024年6月26日

再版序

—— 山下英子

自在力。

开合自在。

伸缩自在。

缓急自在。

变幻自在。

以及，

自由自在。

没错，希望你我都能活出自我，

活得更加自在。

怀着这样的愿望，我写下了这本书。

然而我发现，"自在"还有更深层的意义。

观自在菩萨，

一定存在于我心里，存在于你心里。

一定存在于我们的心里，存在于任何人的心里。

那就不断地去观察菩萨心是否切切实实地存在于我们心里吧。

与自己心里的"菩萨心"相遇。

哪怕只是短暂地起效,

我们也一定能以更加平和的心态生存于世。

愿你能让"自在力"走进自己的人生。

2024 年 6 月 15 日

序言
欢迎开启"自在力"的空中之旅

我在解释断舍离时,经常这样打比方:

"你是想做生活在泥潭中的鲇鱼,还是想做生活在清流中的香鱼?"

一味添置物品,却从不放手,就好比陷入泥潭的鲇鱼。只打开了入口处的阀门,任物品涌入,出口处的阀门却始终紧闭,鲇鱼便只能生活在淤塞不通、物品堆积的污泥浊水之中。可若打开出口处的阀门,将淤泥等没用的东西清除出去,水流便会回归通畅,自然就能在清流中畅游。

如果用一句话概括断舍离一直以来所倡导的理念，那就是通过收拾物品，获得犹如在清流中畅游的香鱼一般的"自在"。这一理念不仅适用于物品，同样也适用于思维、情感等无形的事物。我们有时会心烦意乱、思维停滞，陷入负面情绪中无法自拔、手足无措。有时又会被他人的价值观所左右，无法活出自我……

断舍离是一种训练，帮助我们重新审视自己与物、事、人之间的关系，不断做出选择和决断，筛选出对现在的自己来说"需要、合适、舒服"的事物。

通过进行选择和决断，我们将会摆脱：

依存心理、依赖心理、转嫁责任的心理。
拒绝、缺乏理解、否定。

无法放下烦恼、感觉迟钝的自己。

没主见、不干脆、看不见前路的自己。

换言之,就是摆脱"拖拖拉拉、优柔寡断、稀里糊涂"的自己。

之后,我们将会获得:

自我信赖、自我肯定感,喜欢上自己。

理解与包容他人的能力。

深入思考的能力,丰富的情感。

意志坚定、有主见、干脆果断的自己,以及得到解脱、无比自由的感觉。

换言之,就是成为"通透豁达、坚决果敢、洒脱自在"的自己。

不知不觉间，我们将成为拥有坚定的自我轴，既有决心又有勇气的乐观主义者。断舍离看似是物品的更迭，实际上，它也清除掉了无形世界中对我们而言"不需要、不合适、不舒服"的事物，并用"需要、合适、舒服"之物取而代之。换句话说，断舍离也是对心灵的收拾。再向前发展，就进入了终极阶段，也就是本书的标题——靠自己的双手去开拓命运的"自在力"。

我们再来打个比方。世界上有这样3种人：

伏在地上的人。

爬到树上的人。

乘上飞机的人。

伏在地上的人，即那些意识不到要舍弃对自己而言"不需要、不合适、不舒服"的物品与信息的人；或是那些知道有必要这样做，却没有付诸行动的人；以及那些既对过去念念不忘，又对未来惶惶不安，无法"活在当下"的人。

伏在地上的人是不会爬树的，他们甚至连爬树的愿望都没有。更不要说坐飞机了，他们甚至都不知道怎样才能乘上飞机。他们能遇到的，只有与自己一样匍匐在地上的人。

爬到树上的人，即那些开始舍弃对自己而言"不需要、不合适、不舒服"的物品与信息的人。但有时他们又会将这件事忘在脑后。他们明白"活在当下"十分重要，但有时又会冒出"可是……""但是……"的念头，逡巡徘徊。

爬到树上的人，可以看到伏在地上的人，可有时又会不知不觉回到地上。而且，他们也乘不上飞机，也同样不知道怎样才能乘上飞机，自然也就无法靠自己的力量见到坐在飞机上的人。

乘上飞机的人，即无论面对什么物品，在得到它的一刻就做好了放手的心理准备的人。他们能在恰到好处的时候遇到应该遇到的物、事、人，一刻也不会早，一刻也不会晚。他们心中总是熊熊燃烧着"活在当下"的热情。

从天空俯瞰到的景色，与在地面上看到的景色截然不同。身在空中，无论何时都能俯瞰大地。而且如果有必要，他们既可以回到地面，也可以爬到树上，还可以伏在地上。

也就是说，只有身在空中，坐在飞机上的人，才是达到了自立、自由、自在的境界的人。只有坐在飞机上的人，才能发挥出本书标题所说的力量——自在力。

既然生而为人，谁不想体味一下这种境界呢？所以，要不要从伏在地上、偶尔爬到树上的生活中跳出来，掀起一场生活方式的革命呢？

实际上，断舍离就是飞机票。通往自在生活之路的指南，也写在那张飞机票上。

断舍离的离，是"离地"的"离"。这种人生的起飞，是为了展翅翱翔，获得自立、自由、自在。就让我们一起清理好跑道，开始滑行吧！

让我们一起断舍离，获得自在力！

2013年8月

目录

第一章
断舍离，不仅仅是扔东西

物品是"心灵的形态化"	002
看清"当下自我"的轮廓	006
所谓"不知为何就是扔不掉"的东西	011
把握事物的本质	015
"做减法"的解决方式	018
生活品位，能够靠自己磨炼	021
纸上研讨会　案例1　"我无法扔掉女儿节人偶"	
（年龄30+女性）	024

第二章

不仅收拾物品，也收拾内心

找寻心绪烦乱的原因	028
心灵免疫力低下的原因	033
我们要做的不是一味烦恼，而是不要放弃思考	036
不做评价，单纯好好看看自己	042
"我"最强有力的支持者是"我自己"	046
一半的"烦恼"，都能靠自己消除	049
摒弃不必要的观念	053
纸上研讨会　案例2　"我想把纪念品保留下来"	
（年龄30+ 女性）	057

第三章

确立"自我轴"，喜欢上自己

用身体感知"自我轴"	062
让人变得更好的力量	067

自行其是、自我牺牲、自作自受、自己负责	070
由我开始，付诸行动	075
不愿承认失败的我们	080
确立"自我轴"，才能把握好距离	084
活用愤怒与嫉妒	089
不知不觉中给自己设限的我们	092
语言改变命运	097
执念是要慢慢消解的	105
纸上研讨会 案例3 "想要报复母亲的自己"（年龄30+ 女性）	110

第四章

从"俯瞰"的角度把握物、事、人

掀起人生变革，关键在于3点	114
"把厕所刷亮能提升财运吗？"	119
俯瞰一下，便能重新审视前提	123
认清客观与俯瞰的区别	127
把"内稳态机制"当作"相"去把握的"解释力"	131

金钱就是能量	139
用"这样的自己也挺可爱"的视角进行俯瞰	148
纸上研讨会 案例4 "无法彻底放弃生二胎的想法"	
（年龄40+女性）	151

第五章

掌握"自在力"，度过愉快人生

进行俯瞰，把握人生真谛	156
断舍离，是通往愉悦的道路	160
自在力萌芽的瞬间	166
我们身边的自在力	171
不否定，也无法去否定	178
在"龙蛇之目"中自由穿梭	182
黑色愤怒与白色愤怒	186
工作是在侍奉神灵——奉献的境界	189
团起内衣，体味自在	193

后记 201

第一章
断舍离，不仅仅是扔东西

断舍离究竟是什么？首先，断舍离不仅仅关注物品本身，还致力于帮助大家意识到思维、情感、关系等无形的事物。通过断舍离，大家能够明白，我们其实是可以靠自身的力量"爬到树上"，甚至"乘上飞机"的。

物品是"心灵的形态化"

断舍离——清除不需要、不合适、不舒服的物品。

断舍离——实现从无意识到有意识的转变,摆脱"不知不觉"。

断舍离——更迭。用需要、合适、舒服取代不需要、不合适、不舒服。

断舍离——筛选出对现在的我而言重要的物品,不稀里糊涂地添置物品。

断舍离——重新追问事物的前提,重新审视看起来理所当然的观念。

断舍离——找回新陈代谢的"流动状态"。

断舍离——遵循宇宙法则的生命机制。

我们可以用各种各样的语言诠释断舍离，但若让我用一句话概括断舍离的精髓，我会这样回答：

"断舍离，就是重新审视关系。"

无论对待物、事还是人，都是如此。断舍离时刻关注自己和对方目前是什么关系。

我们需要看清的，既不是"自己"，也不是"物品"，而是"自己"与"物品"之间看不见、摸不着的"关系"。

众所周知，断舍离是一种方法论，让我们对不需要、不合适、不舒服的物品放手。

这种方法论的目的是什么呢？是为了让居住空间变得舒适惬意吗？这么说也没错。但是实际上，若说这种方法论的终极目标是帮助大家养成本书标题所说的"自在力"，也并非言过其实。

下面,我们将围绕"关系"这一关键词,看一看"自在力"究竟是什么。

或许可以说,断舍离原本想要收拾的就不是物品,而是内心。

断舍离将物品理解为"**思维的证据**",也就是"心灵的形态化"。物品,是我们在"选择、决断"的基础上,经由获赠、购买等途径所获得的"结果"。现在我们眼前的每件物品,来龙去脉都各不相同。如此说来,堆放在居住空间和办公场所这些我们所处的环境里的物品,全部都是我们内心世界的形态化表现。

没错,实际上,断舍离就是通过物品这一"有形世界",来激活思维和情感所在的"无形世界"。

或者也可以说,物品是"**人际关系的映射**"。从喜欢的人那里收到的礼物,让人心花怒放。从讨厌的人那里收到的物品，则会被束之高阁。面对某件物品时产生的情感，如实地反映出了自己与物品赠予者之间的关系。

另外，如果你是与家人或别的什么人同住，物品或许还会被用来划分势力范围，与对方争夺地盘。虽然我们口口声声说着"都是因为对方的东西，房间才收拾不好的"，把责任归咎于对方。可一旦进行断舍离就会发现，没用的东西里，居然有一大半都是自己的。越是别人的东西，我们看着就越像破烂，因为我们总是习惯于在不知不觉间将自己正当化。

换句话说，物品与人际关系密切相关。

因此，物"既是物，又非物"。这话听起来颇有几分禅意。在断舍离中，我们便将物品理解为"**将无形事物有形化的存在**"。

通过与物品面对面，看清自身思维、感情的形态。这便是断舍离所采取的方法。

看清"当下自我"的轮廓

与物品面对面,重新审视"关系"时,有两个衡量标准。一个是"我想使用它吗",另一个是"现在想使用它吗"。搞清楚这两点后,舍弃对自己来说"不需要、不合适、不舒服"的物品。**我们总习惯于将关注点放在"舍弃"这一行为上,但说到底,这只不过是我们在重新审视"关系"之后的结果。**

当你将堆积的物品清理得差不多的时候,你就会真真切切地感受到,通过询问自己"我想使用它吗",可以使自我轴得到强化。通过询问自己"现在想使用它吗",可以让"当下"这一时间轴得到强化。**你会在生活中,感受到之前从未体味过的畅快与解脱。**到那时,"断舍离不过是收拾术"的感觉就会荡然无存。

进而你会明白，不仅是看待物品，断舍离会让你看待日常习惯、口头禅、人际关系等一切事物的视角都发生变化。面对这些事物时，断舍离自然而然会得到应用，大显身手。

不断审视"关系"的过程，就是对"当下的自我"认识得越来越清晰的过程。这也是精神与物质的相互作用。

虽说世上有不少理论都在强调"活在当下的重要性"，但大家难道不觉得，光是心里明白，或者仅靠精神训练，很难有实际效果吗？

正因如此，我们才要从内心、物品与场（空间）这3个方面，多角度地强化"当下的自我"。如此一来，便能给人生带来变化，让人生加速前进。比如跳槽、离职、搬家、结婚、离婚、再婚、生子等等。这是我本人在践行断舍离过程中的切实体会，许多读者发来的反馈，也印证了这一点。

面对各种情况时都能重新审视关系,生活方式自然就会发生变化。到那时,才是真正达到了自立、自由、自在的境界,才能拥有让我们真诚自然地度过人生的力量——自在力。

自立、自由、自在是指:

自立:看清关系的本质,面对任何事,都要有"由我"提出观点,"由我"付诸行动的气势。成为确立起自我轴的自己。

自由:正因为确立了坚定的自我轴,在必要的时候,才不排斥按照他人的观点采取行动,才能灵活自如,成为能够随机应变的自己。

自在:跳出善恶、正误的二元论,不被无用的观点所迷惑。胸怀宽广,能够坦诚地包容和接受思维、情感、感受,成为拥有俯瞰力的自己。如此一来,自然而然便会产生对大千世界的感激之情。

从中获得的自在力是指:

能让我们交上"好运"的力量。能让我们在恰到好处的时候,与需要的知识和人脉结缘的力量。能掀起生活方式的革命的力量。

既能让我们在良缘中享受美好,也能让我们在孽缘中学习经验的智慧。

能让我们成为兼具决心和勇气的乐观主义者的力量。能让我们参与自身、周围与社会事务(提出见解、为之奉献)的力量。能让我们超越期待与愿望的层次,去实现希望的力量。

如果用演奏乐器来比喻的话,刚刚接触断舍离,开始舍弃物品时，就好比刚买了把吉他，虽然弹得还很生涩，却仍旧努力地练习指法。等逐渐掌握弹奏方法后，就能按照乐谱演奏了。慢慢地，还能加入自己的改编呢。

自在的更高境界，可以说就是即兴演奏了。自己用指尖弹奏出当时的心情和感受，志同道合的伙伴，也会用各自的风格进行演奏。人的潜意识比自我意识要深邃奥妙得多。从潜意识中自然流淌出的合奏，会发出独奏所不可能实现的美妙和声。这个和谐融洽的世界，只有拥有了自在力的伙伴们才能感受得到。

所谓"不知为何就是扔不掉"的东西

下面,让我们重新把目光放回居住空间。

有没有一些物品,让你觉得"不知为何就是扔不掉"?

如果一件东西,无论怎么看都是垃圾和废品,那么我们不必经过深思熟虑,自然就能放手。如果一件东西,一看就觉得很重要,那它是不会成为被丢弃的对象的。

可那些让人觉得"不知为何就是扔不掉"的东西呢?它们就在你眼前,你虽想要扔掉它们,却又总会缩手不前。又或者,一旦认真面对它们,你便透过它们看到了一些棘手的难题,于是对它们视而不见。

如果我们不先把"不知为何"研究明白,这些物品就会一直侵占空间,自然而然地成为房间景色的一部分。它们明明让人觉得碍事,令人感到不快,现在也用不着,为什么就是扔不掉呢?

实际上,**这些让人觉得"不知为何就是扔不掉"的物品,恰恰是确立和强化自我轴的绝佳素材**。要想自在生活,第一步就是强化自我轴。所以我们要直面不快,鼓起勇气,分析分析自己到底为什么扔不掉。

在进行分析时,我们要彻底追问自己的仍旧是这个问题——"现在,我和这件物品之间的关系,还有没有活力?"

一开始,物品在我们眼里,也许仅仅只是物品。

可渐渐地,我们会觉得它们"又没用坏""还能用呢""扔了多可惜"。

或者觉得"这还是那谁谁送的呢",兴许眼前还会浮现出对方的面容。

要么就是觉得"我以前可宝贝它了""说不定以后还用得上",将焦点转移到过去和未来上。我们要赶快悬崖勒马,把焦点拉回当下的自己和物品的关系上面。

如此一来,我们就能渐渐看清、准确把握"关系"这一无形的事物。就像看双关图[1]一样,换个视角,就能看到完全不同的另一幅图像。

这种训练,**能让我们感受到看不见、摸不着的无形事物所起到的主导作用**。

---

1 双关图:用不同的视角能看到不同对象的图形。在感知这类图形时,有时看成一个对象,有时又看成另一个对象,两种对象相互交替出现,但不能同时看出两种对象。

■获赠的物品中所包含的信息

- 经过了怎样的选择与决断,才拥有了它?
- 自己和物品赠予者之间是什么关系?

现在,我和这件物品之间的关系,还有没有活力?

把握事物的本质

"不知为何就是扔不掉"的东西,也不仅仅限于物品。实际上,那些萦绕在心头,让我们感到心情沉重的"烦恼"也是如此。物品和烦恼,一个一直赖在家里,一个一直留在心里,莫名让人觉得痛苦。

"扔不掉的物品"、"烦恼",乃至"疾病",断舍离认为,将它们全部抽象化,认识其本质后就会发现,其本质都是相同的。**本质上都是不健全。区别不过在于"扔不掉的物品"是物质世界的表现,"烦恼"是精神世界的表现,"疾病"是身体状况的表现而已**。我们总是出于对家务劳动的固有看法,认为自己"不会收拾";因为"到了适婚年龄却结不了婚"而责备自己;不自觉地将自己定性为得了

"××病"的人,在这种状态下生活。断舍离,则致力于通过自身的思考去把握这些观点和话语的源头。换句话说,就是重新审视前提。

鼓起勇气,先来分析一下这些观点和话语为什么会引发不健全的状态。思考一下,既然我们为此而烦恼,有一部分原因是否也在于自己。先来探究并解决这个问题。

在一场断舍离研讨会上,一位学员诉说了自己的烦恼。"我家孩子患有ADHD(注意缺陷多动障碍),让我不知如何是好。孩子总把东西弄得乱七八糟,真让人头疼。"在断舍离研讨会上,我遇到过很多有类似烦恼的朋友,深知遭遇这种情况,有多么痛苦和困扰。然而,家长所采取的态度不同,事情未来的发展也会有所不同。一种是即便医学界给孩子的表现做出了上述定义,但自己仍选择认为"孩子不过就是活泼好动,不太会收拾而已"。还有一种是一开始就把孩子和病症对号入座,认定自己无能为力。当然,有些情况下,孩子的确需要他人的帮助,但在做出判断之前,一定要看清事情原本的样子。这样一来就会发现,实际上,自己试着改变一下和孩子之间的关系,借此给事情带来一些转机,也不失为一种选择。希望大家可以记住这一点。

"做减法"的解决方式

近来,"简单生活"备受推崇。换个说法,"简单"就是品味"间隔"的妙处。漂浮在"间隔"中的,是物品与我之间令人愉悦的关系。如今,我们似乎在本能地追求让居住空间回归到原有的舒适风格。

可以说,断舍离就是给居住空间中的物品"做减法"。有趣的是,物品的减法,都转变成了心灵的加法。出于"少了它就觉得不踏实"的想法而囤积起来的物品,一件一件,都证明了自己内心的不安。正因如此,才更要大胆放手。这样才能迎来"安心",达到"船到桥头自然直""缺了它也没关系"的心境。

换句话说,如果抱着物品不放是因为不安,那么反过

来想，放开物品，不就意味着放下了不安吗？

当然，这并不等于一味地丢弃。因为获取也是人类重要的本能。然而，如今的社会，乃至全社会的各个领域，都因为过剩而陷入了瓶颈。物质过剩，信息过剩，营养过剩。

所以说，关键在于，制定目标之前，先清除障碍。这是让停滞不前的人生重新"流动"起来，恢复新陈代谢，迈向自在生活的开端。

清除了障碍，我们自然便能向着原本的目标前进。这就好比吸气前要先呼气，呼气后自然就会想吸气，吸气后也自然就会想呼气。无论是练瑜伽，还是断舍离，呼吸都至关重要。

可不知不觉间，我们却变成了只吸气，不呼气的人，一天到晚只顾着埋头添置物品。虽然人们往往容易把断舍离理解成"一味扔东西"，可若想恢复正常呼吸，就是要先"放手、放手、再放手"，这不过是一个必不可少的过程而已。

获取前要先放手,这是生命的机制。简单来说,正是因为我们没有意识到这一点,才让问题变得复杂起来。

认识到"做减法"的重要性,并付诸实践,让我们一起,找回新陈代谢旺盛的人生吧,因为那原本就该属于我们。

生活品位,能够靠自己磨炼

在一段时间里坚持不懈地舍弃物品,思维也会逐渐得到收拾。思维得到了收拾,心情自然也会得到收拾。心情得到了收拾,收拾物品的速度也会突飞猛进。不知不觉间,住处里的"空间"充裕了起来,变成了能让自己顺畅地深呼吸、充满力量的地方。自己的居住空间整洁了,思维也就清晰了,思维清晰了,心情也就舒畅了。这是一个螺旋上升的过程,是断舍离带来的循环。

或者也可以这样说:

通过重新审视关系,关系的质量得到了提升。关系质量的提升,又会给思维质量带来提升。思维质量的提升,又会让行动质量得到提升。行动质量提升了,行动结果的质量自然也会提升。如此一来,关系的质量就又会得到提升。我想这也是一种螺旋上升。

这场连续不断、无止境的螺旋阶梯之旅,最终将使"人生的质量"得到提升。

说起来还怪不好意思的。大家听到什么样的夸奖最开心呢?我最喜欢听到的夸奖是:

"你品位可真好。"

品位,感受性,左右着"人生的质量"。这是先天性的,靠后天努力似乎很难得到。可以说,品位好的人很幸运,没品位的人则很不幸。在背后说别人或者被别人在背后说"真没品位",是没有道理的。

通过断舍离养成的有品位的生活方式,能让人具备迅速掌握诀窍、把握本质、知道"这样做会比较顺利"的能力,并灵活运用在生活中。而养成这种生活方式的关键,就隐藏在"间隔"中，就在于看透关系。

品位，在瑜伽中被称为"内在智慧"。这种感应能力，可以引导身体和心灵走向舒适，并维持在舒适状态。这种能力原本是任何人都拥有的，只不过被埋藏在堆积如山的不需要、不合适、不舒服的物品以及纠结混乱的思维和情感深处沉睡不醒，没有发挥出作用罢了。

其实，任何人都能磨炼品位，活得精彩！活出自我的光彩！生活和生存都越来越有滋有味！"生活"，写作"生命"的"生"，"鲜活"的"活"，若真能让生命鲜活起来，就所向披靡了。

何不借助断舍离磨炼生活品位？这个建议，正是为了让大家养成"自在力"。

> **断舍离，是一种将焦点放在看不见、摸不着的"关系"上面，对关系进行重新审视的方法。它有助于我们找回原本的舒适风格，最终使"人生质量"得到提升。**

纸上研讨会 案例1 "我无法扔掉女儿节人偶"（年龄30+女性）

提问人（以下简称"问"）：我是一名30多岁还没结婚的女性。父母给我买过一套能摆7层的女儿节人偶[1]，我已经有20年没有摆出来过了，却总也舍不得扔掉。虽说是父母给我买的，但我也不忍心一直收藏着它们，每次想起它们来，心情就一落千丈。如果可以的话，我想请人给这些人偶做场法事，把它们处理掉。

山下（以下简称"山"）：你向父母表露过"想扔掉它们"的想法吗？

问：表露过。可我跟妈妈一说，妈妈就说"你这不是胡闹嘛"。她还说"你还没结婚呢，况且这还是我们辛辛苦苦买给你的"。

---

[1] 女儿节陈列的人偶。有驱邪除厄，祈求女儿健康幸福之意。曾被看作女性出嫁时重要的嫁妆。

山：你的真实想法是不是"我想扔,但妈妈不让我扔"呢?

问：对。我该如何说服妈妈呢?

山：恐怕你已经陷入了反复出现的"妈妈不让我扔"的愤怒情绪里,导致思维停滞,心烦意乱。但是,你想过真正的问题出在哪里吗?

问：我该怎么跟妈妈说,才能让妈妈理解我的心情?我想,是不是我的表达方式有问题。

山：在你的叙述中,我非常在意的一点是你说自己"还没结婚"。为什么非要加个"还"字呢?是不是因为你内心深处有一种观念,让你因为"还没结婚"而自责?

问：……我想应该是这样。

山：那是你自己的观念吗?还是父母的观念?或者是社会的观念?

问：……我觉得都是。

山：我想,你在不知不觉间将女儿节人偶当成了"赶紧踏踏实实结个婚"的象征，因此才对它们无比在意。可这个观念真的是眼下你自己认同的观念吗？还是说，那只是父母的观念？这是首先要搞清楚的问题。另外，努力让妈妈改变心意，或许的确可以解决问题，然而这样一来，只要妈妈不点头，你就要一直为这件事烦心。这样也没关系吗？

问：我还是希望能想办法解决这个问题。

山：首先，你要再次确认一下，"尽快结婚是理所应当的"，是不是自己心中真正认可的观念。如果你能摆脱这种观念的束缚，你会惊奇地发现，"都怪父母"的想法也消失不见了。因为你绝不是父母的受害者。在此基础上，你要明白，在你打算说服父母之前，关键是先想清楚"自己想要怎么做"。因为那是你自己的女儿节人偶，不是别人的。归根结底，觉得它们碍事，一直为此烦心的是谁？

问：是我。

山：既然如此，你要不要再好好问问自己，究竟想怎么做呢？

第二章
不仅收拾物品,也收拾内心

改变生活方式,要从"收拾内心"开始做起,放下不需要、不合适、不舒服的思想和情感,不再"伏在地上",开始"学会爬树"。

找寻心绪烦乱的原因

可以说，我自己以及正在逐渐深入地践行断舍离的朋友们，都有一个共同点。

这个共同点就是——**"烦恼"的时候越来越少。**您觉得我在撒谎？可事实就是如此。

人只要活着，自然就会碰见这样那样的难题。然而，即使面对同样的问题，人们的反应也有两种。一种是忧心忡忡，烦恼过度，乃至视烦恼为洪水猛兽。另外一种则是轻松面对，向下一阶段迈进。

这是不是说明，能自在生活的人，更加善于对付"烦恼"？从断舍离的视角来看，这是怎么回事呢？

断舍离提倡用减法解决问题，因此，在着手做某件事前，比起"想做什么"，断舍离要先搞清楚"不能做什么"。在踩下油门前，先松开刹车。因为我们有个坏习惯，那就是动不动把目光聚焦在"想做的事情"上面。

在此基础上，我们来简单总结一下获取自在力的过程。

现在，我们正被一直以来积压的不需要、不合适、不舒服的物和事所包围，深陷在烦恼的海洋中无法自拔。我们必须从中脱离出来，认清"不能做什么"，如同松开刹车、扫清障碍一般。

舍弃物品的方法，我在《断舍离》等之前的多部著作中都有提及，可以供大家参考。在本书的第二章中，我将重点谈谈"烦恼的断舍离"，即"收拾内心"的方法和技巧。

经历了这个过程，我们才算从海里到达了地面。从第三章开始，我们将致力于搞清楚自己"想做什么"，也就是**"确立自我轴"**，**"获得俯瞰力"**，进而**"养成自在力"**。

在这一过程中，我们要每天坚持践行断舍离，就好比攀登一座没有尽头的旋转楼梯一样。

话说，"烦恼"究竟是怎么产生的呢？

我们总是基于自己的价值观，对他人产生这样那样的期待。但是说到底，那些期待毕竟是出于自己的价值观，所以结果往往都不尽如人意。我虽然希望大家能够清楚地认识到这一点，但的确很难做到，这也是人之常情。

"都怪那个人！""都是社会的错！"一味埋怨不仅不会消除烦恼，还会日益加重心中的怨恨，反而陷入恶性循环。"期待与现实之间的落差"，会让自己的不满日渐加深，越来越觉得难以忍受，表现形式就是总把"谁谁谁不为我做什么""谁谁谁不让我做什么"挂在嘴边。

■养成自在力的过程

自然本真,和谐融洽!

3. 养成"自在力"

认清事物的本质!

2. 获得"俯瞰力"

喜欢上自己!

1. 确立"自我轴"

断舍离掉堆积如山的物品以及"烦恼"

031

没错，这就意味着，**烦恼的严重程度与"期待和现实之间落差的大小"是成正比的**。时间越长，烦恼就越深，渐渐变得一片漆黑，深不见底。

事实上，一味抱着期待空等，实际问题极有可能一直得不到解决。还有一个事实是，这种落差甚至还会给珍贵的自己带来伤害。我们有必要清清楚楚地认识到这两点。

心灵免疫力低下的原因

我们周围的确存在着许许多多令人气愤的事情。按理说，面对那些会引发烦恼的问题时，我们是可以提高"免疫水平"的。

身体所具备的免疫功能，可以预防疾病，是一种自然而然形成的生命机制。众所周知，即使身患同一种疾病，由于抵抗力和生命力各不相同，症状表现也会因人而异。区别就在于，免疫功能是否很好地发挥了作用。

换句话说，面临相同的问题，有些人不以为意，有些人则耿耿于怀，原因就在于人们对"烦恼"的承受力各不相同。那么，为什么有些人的心灵免疫力那么高呢？他们是怎么做到那么云淡风轻的？

不过,既然断舍离提倡的是用减法解决问题,那么在思考"有些人的心灵免疫力为什么那么高"之前,我们还是要先从自身入手,想一想"自己的心灵免疫力为什么低?"。

心灵的承受力及免疫力低下的原因,主要有以下3点:

"缺乏自我肯定感"

"不知不觉间站到了他人轴上"

"自我限制"

首先是"缺乏自我肯定感"。这是一种"缺乏自信",觉得"我这样的人肯定不行"的感觉。

其次是"不知不觉间站到了他人轴上"。这是指一种在不自知的情况下,把别人的观念当成了自己的观念的状态。比如父母的观念,配偶或恋人等伴侣的观念,或者是社会和时代催生出的大众观念。

再次是"自我限制"。这或许是一种接近本能的感觉。我们总是害怕变化。因为恐惧,所以才想要保护自己。或者在面对高于自身当前水平的事物时,会觉得"我哪里配得上?这不是折杀我吗",从而选择消极地维持现状。

我们要做的不是一味烦恼,而是不要放弃思考

烦恼为何会越来越深重?原因就在于思维停滞不前。

人如果一直陷在愤怒与悲伤中无法自拔,大脑就无法正常运转,消极情绪就会让心灵的窗户蒙上雾气,导致我们的心情总是阴云密布,感觉也逐渐麻木。

下面,我们进一步分析一下"心灵免疫力低下的 3 个原因"。

产生烦恼的原因之一是**"缺乏自我肯定感"**。如果你已经意识到"我好像就是缺乏自我肯定感",那就请你先想一想,自己"为什么会缺乏自我肯定感",从这里着手。

觉得自己"差劲",是因为有比较。

"那么,我究竟在和什么样的人比呢?"

"如果我'差劲',那'不差劲'的状态又是什么样的呢?"

"为什么在和别人比较时,我总是盯着自己的缺点呢?"

直面这些平时忽略了的问题,好好问一问自己。

产生烦恼的原因之二是"**不知不觉间站到了他人轴上**"。如果你觉得自己"差劲",那么你往往希望"别人觉得你好",或者更准确地说,是"不想让别人觉得你不好",自然而然就站到了他人轴上。

而且,对于不想"被别人讨厌"的那个"别人",自己又是如何看待的呢?结果往往出人意料。

是不是有时候,那个人还是你很讨厌的人?明明是自己很讨厌的人,却仍旧希望对方觉得你好,不想让对方觉得你不好,这是为什么呢?

因为我们所拥有的价值观是"不能讨厌别人"。

"不能和别人吵架""要和班里的同学和睦相处""要交到 100 个朋友哟"——我们是不是从上小学开始,就总被这样教育?

真交 100 个朋友还得了!再说那样真的好吗?恐怕每天都要忙得不可开交吧。"不能和别人吵架"——说这话的老师,或许还要每天在办公室钩心斗角。办公室里也有霸凌。许许多多的老师都曾因为饱受办公室霸凌的困扰,来参加过断舍离研讨会。

我们虽在不知不觉中被灌输了"和众人友好相处、和大家友好相处"的价值观,可真正履行起来,却是一件十分痛苦、需要极强忍耐力的事情。我们就是这样,从小就一点一点地蚕食着自己,这才是"他人轴"的本来面目。

我们还有一种情绪，便是害怕失败。害怕失败是一种本能。可如果仔细为这种情绪分一下类，就会发现，"他人轴"也是我们害怕失败的重要因素，换句话说就是"害怕被别人讨厌"。担心"这样说会不会惹人讨厌"，从而否定自己真正想表达的话，欲言又止。一直以来，我们都被这样的观念紧紧束缚着。当我们能真正觉得"别人爱怎么想就怎么想"时，会轻松得多。尽管我们内心很难允许自己这样做。

"不能讨厌别人"。极端些说，这句话和"不能喜欢别人"没什么两样。因为这两者本质上是同一类情感。

我们既会喜欢别人，也会讨厌别人。这是自然而然的事情，没有理由，也无从解释。我说"和那个人合不来"，与我说"和那个人合得来"一样，二者是平等的存在。然而，社会上却普遍认为"合得来"是好的，"合不来"则不好。至少不能把"合不来"摆在明面上。社会的主流价值观就是如此。

我们首先要意识到,自己正处于这样的压力之下。

不过话虽如此,但如果我们总是随心所欲地按照自己的真实想法说话、行动,想必也会生出不少摩擦,引起不少麻烦,所以只要有这种意识就足够了。采取一种"尽管不情愿,但是基于社交惯例,还是要选择这种做法"的态度。然而,如果是不知不觉间这样做,就会觉得内心的潜意识层渐渐蒙上了"尘埃",或者觉得自己的真实想法总也得不到释放,心中的火焰无法完全燃烧,总是奄奄一息的。而这种能量,又会以某种形式给心灵和身体带来负面影响。

最后是关于"**自我限制**"。所谓自我限制,就是指自己害怕变化。这是一种自我保护心理。暂时待在原地,虽说也许什么都不会改变,但是可以规避失败的风险。

我们有一种根深蒂固的想法,那就是一旦站起来向前走，就有可能摔跤，但只要原地不动，就会安全无虞。明明向前走也不一定会摔跤。明明向前走还有可能惊喜地发现这条路原来很适合开开心心地散步。

我们总是动不动就先考虑消极因素，总觉得"未来漆黑一片"。这种意识限制了我们的行动，所以我们才念叨着"既然前方漆黑一片，保持现状或许更好"，避免做出会引发变化的选择和决断。可前方果真漆黑一片吗？**我们没想到的是，就算不把它当成一个内心层面的问题，而是从概率学的角度来说，这个结论也是错误的。**

既然如此，我们首先要做的，就是意识到这一点。

不是去责备自己，而是意识到"我倾向于这样思考问题，我习惯于这样思考问题"。对自己说"对啊，我确实有这样的一面"。自己给自己提供支持，自己当自己的顾问，自己当自己的伙伴。

别烦恼，先思考。不要放弃思考。因为思考，能让我们的视野变得越来越清晰。

不做评价，单纯好好看看自己

近来，社会上掀起了灵性觉醒和自我启发的风潮。除了断舍离，很多朋友还阅读过各种书籍，或是参加过各类讲座，积极努力地想要"激活自己"。我想大家尝试过的各种方法都各有各的效果。然而，这些方法是能发挥出其真正的价值，还是发挥不出价值，徒劳而终，取决于我们能否把握住决定结果的关键。

可以说，这些书籍和讲座就好比地图，指引我们到达名为成功或幸福的终点。这类事物早在100多年前，甚至更早的时候就已经存在了。近年来流行的尼采语录也是一样，更广义些说，包括宗教性的事物以及一些经书经典等，都能归属于此。

然而，人们却仍和100年前一样，还在亘古不变地烦恼着。我们为什么觉得自己没有获得成功，感受不到幸福呢？我们辛辛苦苦学习，好不容易拿到了"地图"。明明"地图"就在我们手里。

那好，我们就来想一想，拿到"地图"后，最先要做的是什么呢？

没错，就是确认"现在的位置"。

就像赛跑时要"各就各位"一样，找不准"现在的位置"，就无法向"目标"迈进。

那么，我们如何才能知道自己现在身在何处呢？

方法就是要好好看一看真实的自己。

■确认"现在的位置"

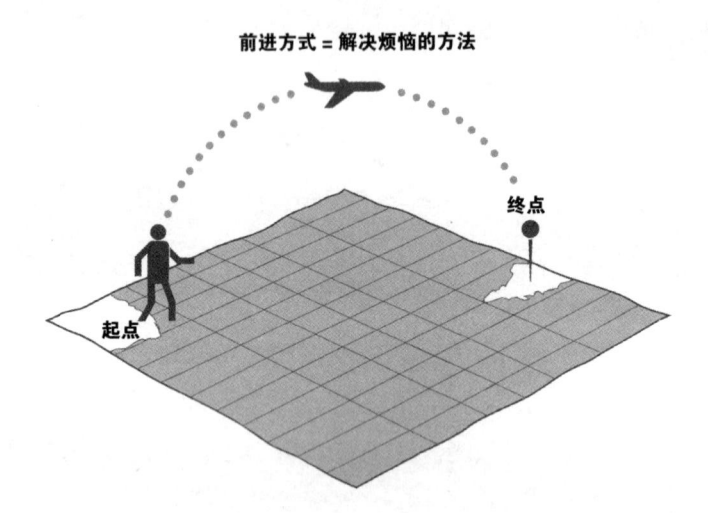

前进方式 = 解决烦恼的方法

对自己内心中的情绪水平和质量进行内省，才能知道自己现在处于地图上的什么位置，才能摸索出前往目的地的方式

断舍离有一条雷打不动的法则，那就是不随随便便处理他人的物品。换句话说，就是不责备别人，不说类似"那种东西扔了算了""你那么想好奇怪啊"的话去评判对方，因为那是对方的领域。我们只要明白"哦，你是那样想的啊"，就足够了。

对自己也是如此。不要责备自己"怎么能有这种情绪呢，这可不行"，只要明白"原来我是这样想的啊，我的感觉是这样的啊"，就足够了。只需要意识到自己的念头、想法和感受即可。**其实，不对自身的想法做出评判，也是"内省"这种冥想方式的一环**。认清自己的位置，就是养成一种意识，在习惯性地去衡量善恶、正误之前，先站在中立的立场，好好审视一下自己的感情。

"我"最强有力的支持者是"我自己"

假设你在生活和工作中都面临着糟糕的人际关系,在这种情况下,很难保持积极向上的思想吧?

所以,正如第一章所说,改善"关系"的质量,对解决各个方面的问题都颇有成效。然而,我们原本就已经在为无法改善人际关系而焦头烂额了。听到这种说法,你是不是有种"总说要改善关系,可究竟要怎么做啊"的想法呢?

这是因为,在探讨和他人的关系之前,我们还有一个问题要解决。

这个问题就是,**我们和自己之间的关系是否良好。**

自己与自己之间的关系，我们可以称为自我印象，也可以称为"自我肯定感"。重要的是自己是否喜欢自己。能够立足自我轴的状态就可以说是"喜欢自己"的状态。虽说二者不能完全等同，但没有自我肯定感，是无法保有自我轴的。

如果总是自责，觉得"我很差劲"，就很难致力于改善自己和他人之间的关系。因此，断舍离的建议是，我们要先来改善一下和自己之间的关系。

断舍离主张有意识地给自己使用高品质的物品，款待自己，从而提升对自己的自我印象，喜欢上自己。

反之，给自己使用粗制滥造的东西，粗暴地对待它们，最后将它们弃置不顾，从"关系"这一看不见的领域来说，就可以解释为，自己在不断给自己注入消极能量。

物品从属于我们的那一刻起，就与我们签订了"要被使用"的契约。然而，我们却没有使用它们，而是将它们弃置不顾，这就意味着我们一直在违约。

我们拥有这件物品，是因为觉得它"便宜"，还是因为"别人说它不错"？我们是在稀里糊涂地使用它，还是毫无目的地放置它？**要先从重新审视自己与物品之间的关系开始做起。**

在了解自己、改善关系的旅途中，如果能有一个最棒的伙伴、最好的支持者陪伴左右，是多么值得庆幸啊。面对任何事物，只要身边有这样一个存在，打通其中的关窍，想必都容易得多。

对你来说，有谁不仅是你的伙伴，还是你最好的顾问，最强有力的引导者？父母？朋友？还是丈夫或妻子？

以上统统不是，而是"自己"。**自己可以 24 小时陪在自己身边，给自己支持，为自己解惑**。当然，如果自己还能成为自己的导师，就更可喜可贺了。

🗑 一半的"烦恼",都能靠自己消除

下面我们来考察一下烦恼的种类。俯瞰一下,大致能分为3类:

- 经济问题
- 健康问题
- 人际关系问题

随着烦恼愈发深重,有时甚至会导致人们做出最坏的选择。从平成十年[1]开始,日本的自杀人数一直保持在每

---

[1] 平成为日本年号,使用时间为1989年1月8日至2019年4月30日。平成十年对应1998年。

年约3万人,这一统计结果让人心惊。如此多的人主动选择了死亡,着实让人震惊不已。

从大致比例来看,出于经济原因,也就是说因为钱的问题而自杀的人大约占四分之一,因为健康问题自杀的人大约占四分之一,剩余的大约一半,竟然都是因为不堪人际关系之苦。想必包括与公司同事之间的关系,与上司之间的关系,与恋人之间的关系,与配偶之间的关系等各种各样的关系吧。

纵观烦恼的种类,我发现了一件事。

实际上,无论哪种烦恼,都是因为事物与自己之间的关系出了问题。如果自己无法与之建立良好的关系,那么无论是经济问题还是健康问题,抑或是人际关系问题,我们都无从面对。

换句话说,经济上的烦恼,起因是金钱与自己之间的关系出了问题。或者也可以说,是工作与自己之间的关系出了问题。

如果是因为健康问题而烦恼，就说明身体与自己之间的关系出了问题。而人际关系问题，则是因为自己与他人之间的关系出了问题。

这意味着什么呢？

意味着有一个突破口，能让我们全方位地面对所有烦恼。

如果说无论什么烦恼，都是因为事物与自己之间关系欠佳才导致了问题的发生，那么就可以认为，有一半的烦恼，都能靠我们自己消除。

因为至少有一半是在我们自身能控制的领域之内。即使我们不知道具体的百分比，但有一点毋庸置疑，那就是一定有一部分与自己相关。这也就意味着，只要我们想办法处理好与自己相关的这部分，烦恼的总量就会减少，进而由量变引起质变。

因此，断舍离才始终将焦点放在自己与事物的关系上。我们要先重新审视自己，因为双方关系的其中一端就控制在自己手里。在此基础上，再去审视让自己烦恼的对象。

看一看如何处理双方的关系，才能减少烦恼，甚至消除烦恼。

此前的一个阶段，我们要先看一看，自己在与对方的相处中，有没有自顾自地将小小的烦恼放大成了洪水猛兽。

不去评判善恶和对错，只是以中立的状态观察自己，看清楚"原来是这样"。

摒弃不必要的观念

有些价值观，几乎所有人都认为"理所应当"，并"习以为常"，不会再去重新思考与追问。可恰恰越是这样的价值观，越有必要重新审视。

当前，这些价值观在自己身上究竟起着什么样的作用？

持有这些价值观，是鼓励了自己，还是伤害了自己？这也是在审视自己与价值观之间的关系。

比如说，断舍离经常遭到这样的质疑："把还能用的物品扔掉，会不会遭报应？"

可话说回来，上述问题中所说的"报应"究竟是指什么？你有没有想过"报应"的具体内容？我曾问过说"会遭报应"的人这些问题，但这只是真诚发问，不带有攻击意味。

我问对方："'报应'指的是什么？你想象的报应是怎样的呢？"

我甚至还追根究底地问过"为什么不能遭报应呢？"，"遭报应"到底是好事还是坏事，没有一个人能给出明确的答案。但他们却认为"扔掉还能用的物品会遭报应"。

这种观念究竟从何而来？与其说是来源于实际体验，不如说，绝大多数情况下，是来源于父辈的灌输。

爱惜物品的心情的确可贵。然而我深深地觉得，物资匮乏、"物以稀为贵"那个时代的观念，不一定适合现在。

我甚至认为，舍弃一直以来积攒的垃圾和废品，目的是在当下及未来的生活中只留下精挑细选出的自己真正珍惜的物品，如果这样就要"遭报应"，那就放马过来好了。真正珍惜物品，需要的不正是这样的决心和勇气吗？

我们有时会认同这样一种观念——"坚持就是力量"。

然而有些时候，一些朋友也会因此产生这样的想法："我的断舍离半途而废了，没能坚持下去。这样挺不好的吧……"

他们基于"坚持就是力量"的价值观，认为没能坚持到底的自己很没用。**原本挺正常的价值观，如今却伤害了自己，与自己之间的关系出现了裂痕。**

"我虽然在断舍离时三天打鱼，两天晒网，但俗话说坚持就是力量，等我有充足的精力、体力和时间时，我会努力重整旗鼓的！"

如果能这样想，自己与这种价值观之间就能维持良好的关系。或者说，当你不知不觉间心生倦怠、干劲不足的时候，是因为身体或者心灵感到了疲惫。这时，只需要专心休息就好，等到满血复活时再卷土重来。总是拿不起放不下，就会一直莫名觉得疲惫不堪，一直觉得自己"没能坚持下去，真是没用"。

如上所述,即使是人们觉得理所当然应该认同的观念,也要有意识地重新审视,根据当时的情况,决定自己是否采用。灵活调整自己与观念之间的关系,更好地发挥出观念的作用。

> **要想获得自在力,第一步就是舍弃一直以来积攒的"不需要、不合适、不舒服"的物品与烦恼。心灵的免疫力提高了,才能逐渐确立起自我轴。**

纸上研讨会 案例2 "我想把纪念品保留下来"
（年龄30+ 女性）

问：我有两样物品舍不得扔掉，让我感到很苦恼。一样是妈妈给我织的马甲。虽然已经不穿了，但是我想等妈妈百年之后，给自己留个念想。还有一样就是大量的我看过的电影宣传手册。这些东西其实很占地方，而且还碍手碍脚的，但我总想着等孩子长大以后展示给孩子看，告诉孩子"妈妈以前看过这部电影哟"，所以总也舍不得扔掉。

山：这些东西不能先这样留着吗？接受自己"虽然觉得碍事，但还是想留着它们"的想法。有时，我们不必一上来就从根本上解决问题，选择采用缓兵之计也未尝不可。在此基础上，进一步思考一下，自己为什么想要留着它们呢？首先，你想留着马甲当个念想，所谓念想，就是等母亲去世后，用来追忆母亲的工具。你是担心没了工具就追忆不起母亲，还是对死亡本身有所恐惧？

问：我想应该是担心没了工具就追忆不起母亲。

山：也就是说，在你看来，只要留着能证明母亲曾经存在过的证据，就不会忘掉母亲这个人。可果真是这样吗？

问：我担心，如果没有物质性的东西，就会觉得这个人"没存在过"。我自己也不知道该怎么描述这种感觉……

山：我们有一种共同的观念，那就是想通过留存遗物来证明逝者曾经存在过。其中或许也夹杂着我们对母亲去世的恐惧。因此，我们无法痛快地允许自己在内心中觉得它们"碍事"。在第一个阶段，我们要先察觉到，自己是因为这种纠结才痛苦不已。之后，重新审视"遗物就应该留着"的观念，进行选择和决断，对物品精挑细选。如此一来，烦恼至少会减轻一些。

问：好的。

山：那么你又为什么要留着电影宣传手册呢？

问：因为我希望自己喜欢的事物，孩子也能喜欢。

山：也就是说，说到底，你希望孩子变成你期待的样子，而这些手册就是你这一想法的具体体现。包括我在内，天下所有的父母都是如此。首先，你要意识到这一点。然后，你需要重新认识到，孩子有孩子自己的人生。这样一来，"不用特意把自己的爱好讲给孩子听"也就成了一种选择。你觉得呢？

问：谢谢您。

第三章
确立"自我轴",喜欢上自己

在放下不需要、不合适、不舒服的思想和情感之后,下一步就是确立自己的内核。"爬到树上",稍微拓宽些视野后,在空中翱翔的"飞机"便能跃入眼帘了。

用身体感知"自我轴"

用一句话来概括断舍离的过程,就是用"需要、合适、舒服"取代"不需要、不合适、不舒服"。

换言之,就是去分析、思考和感受眼前的物、事、人"是否需要""是否合适""是否舒服",在此基础上,做出选择和决断。对整个过程进行俯瞰,可以分为3部分:

如何分析——头脑的工作 = **知**

如何思考——心灵的工作 = **情**

如何感受——身体的工作 = **意**

下面,我们用断舍离的起源——瑜伽的思想来做进一步的解读。

在人的身体中,丹田是能量之源,这是瑜伽和中医的理论基础。**"知、情、意"分别对应上、中、下部的丹田,从头顶贯穿到会阴。**

在这里,我们暂且略去专业的解释,粗略些说,靠近会阴的部分执掌的是"生命力",胸部执掌的是"情感",头部执掌的是"思想"。任何一部分有欠缺,我们都算不上身心健康。

有了情感,才能喜欢上自己,喜欢上别人。有了生命力,我们才能用身体感受,进而做出行动。有了思想,我们才能知行合一,并将知行合一的结果以最佳的形式呈现出来。

瑜伽是一种身体训练法,通过调节呼吸,整理内心,去倾听身体的"语言",以增强和调整这三种能量。

断舍离,则是将其落实到了"收拾"这种与物品相处的模式上。换句话说，断舍离就是空间的瑜伽。

实际上，询问"这件物品对我来说是否需要、合适、舒服"，也是在提高自身的"思考力"、"感受力"和"生命力"。

不断询问什么对自己而言才是"需要、合适、舒服"的事物，坚持这样的训练，不知不觉中，就会明白自己独一无二的思维、感情和感受，做出当下适合自己的选择和决断。而且不用刻意为之，就能在瞬间自动做出选择和决断，不会受到他人的声音、世间的纷扰以及繁杂的信息的干扰。

头脑、内心、身体，贯穿全身的这三种能量平衡和谐，相辅相成，形成坚定而牢固的内核。

这样一来，就能深入了解自己，在生活和工作中顺畅且自然地达成"自我实现"。

断舍离将达到这种状态称为"拥有自我轴"。

无论是知名人士,还是身边的人,都有让你觉得"言出必行""了解自己的步调"的人。想必这样的人,就是通过某种方法,调节了上述三种能量,确立起了"自我轴"。

在体育界,有一种通过锻炼身体形成的"体轴",与"自我轴"有着异曲同工之处。不过,**通过断舍离锻炼"自我轴",不需要任何的身体锻炼。需要做的,只是将舍弃物品付诸行动**。然后就是通过物品,对自己的内心进行具体的探究。

没错,借助物品的力量,任何人都能锻炼出"自我轴"。

即使我们不像运动员一样是身体方面的专家,也不像心理医生一样是精神方面的专家，也能用自己的双手给自己注入活力！听我这么一说，有没有觉得充满期待，跃跃欲试了呢？

■ **用身体感知"自我轴"**

知（思想）

情（情感）

意（生命力）

让人变得更好的力量

也许有些朋友会觉得:"既然锻炼丹田就能树立起自我轴,那是不是直接锻炼身体就行了?"

的确可以通过锻炼身体这种生理上的方式,来使身体和精神都得到锻炼,进而塑造一个坚定的、不易动摇的自我,有些人甚至还能发挥出某种异于常人的能力。但这是不是就意味着培养出了具有优秀人格的人,恐怕还要画个问号。我的瑜伽老师曾说过一句让我印象深刻的话:**"不要把能力和人格混为一谈。"**

老师还曾一语道破:"打开丹田是什么感觉呢?其实就是刚泡完澡的感觉!"

老师的意思是说，不要对看不见的世界妄加评论，看不见就是看不见，看不见自有看不见的意义，不用一味盯着看不见的世界不放。老师的话把那些一心猎奇的人说得哑口无言，真是痛快！

有些人，一见到那些能看到常人看不见的东西，有异于常人的能力的人，就觉得"好了不起！"，认为那样的人一定也具备高尚的人格，于是全心全意地崇拜起对方来，可到后来，事情却会向着奇怪的方向发展。我见过不少这样的例子。

至少，断舍离所讲的"自我轴"，除了单纯地强化知、情、意外，还需要更高层次的事物。

这种事物，就是我曾在瑜伽道场上学到过的"佛性力"。

用简单易懂的语言来解释"佛性力"，可以说就是：

使人作为人，更上一层楼的力量。

"更上一层楼"的状态，我们或许可以当成真、善、美的状态。不管是通过锻炼身体来养成"佛性力"，还是通过断舍离，借助物品来养成"佛性力"，**方法背后如果有"思想"作为支撑，想必会事半功倍**。瑜伽、断舍离、武道背后，有禅宗、佛教、神道教作为基础，包含着清晰的思想理论。

然而，这也不是说光有思想就够了。盲从某种思想，不思进取，也是不可取的。最终还是要看个人的态度。也就是说，**对于超越理性的某种类似于审美意识的事物，自己要如何解释，如何努力将其具象化**。换句话说，"解释力"也是一种很重要的悟性。

与其他方法相比，断舍离的独到之处在于能够自己强化自我轴。因为在断舍离中，只要掌握了简单的知识，并付出行动，自己就能有所领悟，并将领悟到的道理落实到实践中去。当然，越是重要的事情，越不能指望别人教你怎么做。自己逐渐领悟，才是上上策。

自行其是、自我牺牲、自作自受、自己负责

一言以蔽之,自我轴,就是自己做出选择和决断。

这难道不是自行其是?虽然二者很容易被混为一谈,但我还是想请大家记住,二者是有很大区别的。

自我轴有一样不可或缺的东西,那就是——绝不将责任转嫁给他人的态度。

既然自我轴就是自己做出选择和决断,岂不就是自行其是?越是这样说的人,越有一种根深蒂固的观念——

"说话做事总以自我为中心,是不恰当的。"从某种角度来看,这样的人"能够为他人着想"。但我认为,要真正做到为他人着想,是一件难度极高的事情。

- 是让独一无二的自己,在思考和行动时,都以他人为中心?
- 还是坚决贯彻自己的意图和意志,做好无论做出怎样的牺牲都全盘接受的心理准备?

我们有必要好好研究一下这两个问题,在内心中找到平衡。

如果找不到平衡,那么"自我牺牲"就会伴随着忍耐与不满。内心深处若满是忍耐与不满,即使做到了"他人优先",其中也附着了对自己和他人的谎言。这些自己意识不到的谎言,会生成一道道细细的"裂痕",用不了多久,这些裂痕就会形成一个大大的漏洞,引起能量的流失。

断舍离认为，真正的"选择和决断"，无论如何都只能立足"自我轴"。

即使自己的选择和决断要伴随某种牺牲，也能做好准备去接受。如果能做到这一点，那么这个决断，就是一个立足自我轴，有主体性地、有意识地做出的决断。

经过了这番推敲做出的选择和决断，与"自行其是"还是有区别的吧。

再来看看自作自受和自己负责，这两个词也很相似。

来说一个我自己的经历。我在结婚后不久，曾因身体状况不佳疗养过一个月左右的时间。那种感觉就好像是突然有一天，一种名为"××病"的病自己找上了我，随之而来的就是住院、吃药。

然而，学过瑜伽的我并不这样认为。当时，我与婆婆和妈妈之间都有分歧，我怎么也无法从分歧中逃离出来，因而烦恼不已，陷入了恶性循环。我明白，这才是我生病的原因。也就是说，我的病，其实是源于内心，或者说是源于人际关系。

我当然可以把责任推给疾病，或者推给导致我生病的两个人。然而在疗养过程中我感到：**"这个病，是我自己造成的。"** 换句话说，我是"自作自受"。

在那之前，我一直在扮演"好儿媳""好女儿"的角色，对来自婆婆和妈妈的蛮不讲理的压力，我都忍气吞声地照单全收。然而就在那时，我放胆给自己发出了"许可"，告诉自己"你也可以生气！"，要尝试着将压抑着的感情表达出来。在那一瞬间，我下定决心，虽说自己或许可以算是受害者，但绝不能让自己陷于受害者意识中无法自拔。

做出这样的决定当然需要勇气。但只要一想到"再这样下去，我的精神和身体都会濒临死亡"，我便奋不顾身地下定了决心。

自作自受，原本是佛教用语。我对它的解释是：

产生问题的原因在自己心里，解决问题的方法也在自己心里。

有时，它和近些年经常能看到的"自己负责"用法相似，会被用来形容"自己犯下的错，理当自己承担后果，接受制裁"，带有一种冷嘲热讽的语气。但它原本其实和"因果报应"一样，都是形容"种瓜得瓜，种豆得豆"，与善恶无关，只是说自己播下的种，就要自己收获。

🗑 由我开始，付诸行动

"烦恼"，源于基于自己的价值观对他人抱有过度的期待。

这种对他人的期待，自然也总是体现在物品的领域。比如经常有人问我这样一个问题：

"我想把丈夫的物品处理掉，怎样才能让他扔掉呢？"

"想让对方……"，"怎样才能让对方……"，"反正也会……，不如……"，等等。

当希望别人能够满足自己的期待时，我们一定会用上这些说法。可以说，有这种"想让对方遵循自己的价值观，想要控制对方"的意识，才是人际关系中最大的障碍。

某本女性杂志曾就"**我最想扔掉的东西是什么**"这一问题做过一个调查，在调查结果中，排在前3位的分别是**"衣物"、"痛苦的过去"以及"碍手碍脚的丈夫"**。

这个结果意味着，我们最想放手的事物其实是物品、回忆以及最亲密的人际关系。

说来着实令人难过，但的确有很多人发出了"想把丈夫断舍离掉"的声音，而且还不是开玩笑。

"反正也时日无多了，就再忍忍吧。"一名70多岁的家庭主妇如是说。看来她一直以来都在忍耐。也有些人表示"已经好几年没和丈夫说过话了""我丈夫就只会躺着看电视，我一看见他就难受。"

问卷调查中，有一则回答让我印象深刻："我都给你母亲端屎端尿了，你居然连一句'谢谢'都不说。"这句话出自一位70岁的女性之口，她结婚已有45年了。

这种状况的确令人难过，把丈夫归为"恶人"也轻而易举。但是对这个问题,断舍离却是这样进行思考的。

这位女士期待丈夫说一句"谢谢",丈夫也理应对她说一句"谢谢"。可遗憾的是,她没能听到期待中的那句话。明明只要听到这句话,心里就会好受得多,可偏偏不能如愿,所以她才满腹怨气。

这些不满与忍耐,逐渐演变成了内心的愤怒,她开始觉得"他真是不可原谅!",而且愤怒的对象是身为丈夫的他人。

她为什么期待丈夫说一句"谢谢"呢?因为她希望得到对方的认可。她想要得到对方怎样的认可呢?在她看来,"我付出了那么多努力,为你和你的家人做出了贡献,我希望你认可我"。换句话说,她持有的价值观是,我照顾了母亲,而且还是对方的母亲,就应该得到夸奖。我想我若站在这位女士的立场,应该也会理所当然地这么想吧。但是在这里,我们先把自己的价值观放在一边。

这位女士面临的状况是，自己明明全心全意地照顾着对方的母亲，却得不到丈夫的称赞。但仔细想想，或许丈夫压根儿就没有这样的价值观。如果丈夫的价值观是"你是我妻子，照顾我母亲是应当应分的"，那么这位女士无论怎么等，恐怕都很难等来她期待的答案。

断舍离想重新审视的是什么呢？是**看一看"照顾了别人就理所应当得到感谢"的价值观，在自己身上起没起作用**。只是单纯看清楚，而不要基于善恶的眼光，去判断这种价值观是好是坏。这种观察内心的方式，我在第二章也提到过。

以下是我的想象。**这位强烈渴望丈夫能对自己说"谢谢"的女士，在平时的生活中，有没有对丈夫说过"谢谢"呢**？在45年的婚姻生活中，她发自内心地对丈夫说过几次"谢谢"呢？还是一开始会对丈夫说"谢谢"，但中途放弃，不再说了呢？实际情况如何，我虽不得而知，但其实我们每个人都很容易陷入这样的状况。

我还想过，这位女士有没有向丈夫表明过"希望你能感谢我"的想法呢？

换句话说就是，这位女士有没有自己采取过行动，来促使对方满足基于自己的价值观所产生的需求呢？如果不允许自己采取行动的话，那么我想这位女士就会一直面临这个问题。这是非常不健康的。

如果有一天，由于某种契机，从期待的人那里听到了期待中的话，她也许就满足了吧。可这就意味着，要"靠他人"才能解决问题。在此之前，她只能无休无止地等待。

我们要改变的，正是这种立场。的确，如果丈夫能自然而然地反应过来，并且主动说一句"谢谢"，是再好不过的。但在此之前，我们也该要求自己去摸索一下，哪种立场才能让自己更轻松。

不愿承认失败的我们

为了解决问题,选择打开天窗说亮话,结果会怎么样呢?无论是谁,在被责备时,肯定不会觉得高兴。

"都怪那时丈夫没有怎样怎样做。""都是因为父母说话不注意,才让自己如此痛苦。"长年把自己摆在受害者的位置上,一忍再忍,不满越积越深。越是抱着受害者的意识不放,感情就越容易扭曲,最终爆发,开始责备对方。这里还有一个大前提,那就是**任何人都不愿承认自己的失败**。并且时间越久,就越不愿意承认。而在对方看来,造成这种"秋后算账"的状况都是因为"当时你怎么不明说呢",导致双方之间的不信任感越来越深。

久而久之,当对方的立场和自己的立场相去甚远时,

主动放下"希望对方能够理解自己"的期待,才是更聪明的做法。如果无论如何都想和对方说明白,就调整心态,告诉自己这样做与其说是"希望得到对方的理解",不如说是"为了让自己释怀",云淡风轻地说出来。放弃,听起来或许有些消极,可期待"对方能理解自己",终归也只是"一厢情愿"而已。

把自己的期待说出来,如果能顺利得到对方的认可,自然很幸运。但绝大多数情况下,不仅不会得到对方的认可,甚至还会遭到对方的拒绝。

这可真是"没辙"!所以,就自身而言,认可自己已经直面了问题,切实付出了行动,尽了最大的努力,对自己说句辛苦了,痛快地放下吧。不为别的,只为自己。

我们面对的是受害者和受害者意识的问题,而且大前提还是"任何人都不愿承认自己的失败"。这实在是一场自己与自身情感之间的拉锯战。我自己,也是在和母亲长年的相持不下中，渐渐领悟出了这个道理。

最近，无奈忧郁的"没办法"，终于变成了明快干脆的"没办法"，我的心态也发生了变化。

我时常会想：**"对方是不完美的，自己也是不完美的。"** 我们受到来自社会观念、学校教育等各个方面的影响，心中"只有完美才是最好""要做个好孩子"的观念比我们想象中还要根深蒂固。我们在不知不觉中就会要求自己、要求对方"应该要那样做"。对方离"完美"和"好孩子"的标准越远，我们想要责备对方的愿望就越强烈。

我们应该自己先摆脱这种价值观。这是包容他人的第一步。当然，这样做也是在包容自己。

这样想来，就能得出如果"表明心意"最终变成了责备对方，那么我们也没必要非这样做不可的结论。只要自己内心中能想通"这也是没办法的事情"就好。实际上,"想通"才是关键。有时,"退一步"也未尝不是一种方法。

确立"自我轴",才能把握好距离

烦恼的三大源头之一就是"他人轴"。意思就是自己在生活中,总是以他人的评价为基准。

自己总是拼命迎合他人的评价标准。换句话说,就是在不知不觉中,把他人的价值观当成了自己的价值观来遵守。

不过,"他人轴"也并非一无是处。有时,立足"他人轴"也十分重要。但这种时候,关键是在确立自我轴的基础上,有意识地切换到他人轴。

比如,你有一个让你很不爽的上司。这位上司从不称赞你做得好的地方，只知道一味揪着你做得不好的地方不停地责备你。你希望上司能够实实在在地夸一夸你做得好的部分。这个想法一直萦绕在你的心里。而上司那边呢，或许也觉得你是一个"与自己的价值观合不来的无能下属"。

你一看到上司的脸就难受，跟上司打招呼时也觉得别扭得不行。在工作时，"愤怒"总是与你如影随形。想必很痛苦吧。可你为何会陷入消极的情绪中无法自拔呢？原因或许在于，你总是不知不觉地感到"自己与上司的价值观不同，这样的自己很差劲"，并因此责备自己。

可话说回来，你想要迎合自己讨厌的上司的价值观吗？还是说，你要把希望都寄托在他人身上，抱着痛苦与怨恨，等着上司改变态度？

如果能确立起坚定的自我轴，便能在纵观全局的基础上，综合性地做出最佳选择，即使这个选择并非出自自己的本意。也就是说，可以有意识地迎合对方。这样一来，就能笑着对自己说："这个上司虽然惹人厌，但我们毕竟在同一个团队，同一个集体中共事。无论对我们彼此而言，还是对其他伙伴而言，工作氛围都很重要。所以，我至少还是应该好好跟上司打招呼的。"这便是基于"自我轴"的"他人轴"。

为什么要首先确立起"自我轴"呢？因为如果自己一直稀里糊涂的，就无法找准自己的位置。

我在第二章中也提到过，要在地图上找准自己的位置。说到底，**确定不了自己的位置，就无法衡量与他人之间的距离**。因为不知道该以哪里为原点进行测量。换句话说，就是重新审视自己的价值观。在此基础上，才能衡量与他人之间的距离。

否则的话，距离过近，就会受到攻击，或者因为被拒绝而受到伤害。每种关系，都一定有一个合适的距离。

影响人际关系的另一个重要因素是"接触频率"。更进一步讲，还有"接触时间"。

距离和频率，以及接触时间。任何一个过了度，都会让人际关系生出嫌隙。一开始喜欢得不得了，总是黏在一起，后来却变了心。这样的事屡见不鲜。

比如说，有这样一对情侣，一方想要解除情侣关系，另一方却不想。曾经，他们是彼此相爱的，他们之间的距离、接触频率和接触时间，都恰到好处。但是随着时间的推移，这三种要素发生了变化，导致双方之间的关系也发生了变化。如果解除情侣关系能够维持恰到好处的距离、接触频率和接触时间，对双方来说未尝不是一件好事。但痛苦的是，其中一方还在执着于曾经幸福时的距离、接触频率和接触时间。

难道就不能变心吗？ 会变心是极其正常的。然而，在日本的现代社会中，却把"不能变心"作为一个根深蒂固的前提。

原本，在人际关系中，自己的位置和对方的位置都是会发生变化的，我们要在明白这一点的基础上，去衡量彼此之间的距离、接触频率和接触时间。

我感觉，如果立足"他人轴"生活，今后的日子会更辛苦，因为我们进入了一个价值观急剧变化的时代。没有自我轴，一味去迎合一个又一个新型价值观，只会白白消耗精力，到头来一无所获。

另外，物质层面和信息层面也是如此。网络发达，各种工具逐渐完善，我们能够自由自在地与一切物、事、人产生关联。拥有自我轴，灵活自如地使用这些工具，便能构建起对彼此而言最合适的人际关系。一切都取决于自我轴。

活用愤怒与嫉妒

从刚刚举的令人不爽的上司那个例子可以看出,实际上,**愤怒也是机会。因为它可以让我们意识到在不知不觉中吸取的不必要的观念。**

无论多么微不足道的小事,当我们因为这件事而怒气上涌时,先告诉自己:"好,我要生气了!"深呼吸,缓口气,看看自己"是基于何种价值观才会生气"。"愤怒"这种情绪是极佳的观察素材,我们可以将它看作一次直面自己内心的机会。

比如说,自己会不会因为总是迟到的人而怒火中烧?这是为什么呢?因为自己认为按时到达约定地点是应当应分的事情。但也许对方只是并不像自己似的，觉得按时到达约定地点有那么重要。

先把"孰是孰非"放在一边，我们之所以会感到愤怒，就是因为对方和自己认为是"理所当然""应当应分""一般共识"的价值观之间存在分歧。既然价值观不合，不妨换一种能量的传递方式，换一种方式来应对。在不守时也没什么大问题的情况下，我们既可以暂时放下自己"必须守时"的价值观，也可以向对方表明自己的想法。

但是，我们是不是什么都没做，只是任由不满越积越深呢？虽说迟到是件微不足道的小事，但常言道"窥一斑而知全豹"。

也就是说，**不要对爆发出的情绪放置不管，而是要看看如何调整心态。这才是彰显智慧之处。**

另外，在人际交往中，有没有让你觉得嫉妒的人？如果你感觉到了嫉妒，就意味着你迎来了一大机遇。

因为你嫉妒的对象，就是你"想成为的人"。你想成为那样的人，又觉得做不到，因此"嫉妒"之情才会涌上心头。谈恋爱也是这样的吧？自己喜欢的人有更倾心的对象，你肯定也会感到嫉妒吧。

既然如此，就不要仅仅止步于嫉妒，而是要去提升自己，让自己也成为对方那样的存在。要允许自己这样做。一味被情绪左右，只知道嫉妒，便会徒增烦恼。

负面情绪是良好的诊断素材。我们不要压制它，而要去想一想如何应对。这也是在考验我们对生活方式的领悟。

不知不觉中给自己设限的我们

在断舍离中,我们经常会用到这样一种方法,那就是为了提升自我印象,提高自我肯定感,给自己用一些比以往更高级的物品。面对别人送的高级咖啡杯,不要觉得"给我自己用太可惜了",而是"允许"自己放手去使用。

从这个角度来看,所有的物、事、人,都能分成以下3类:

拒绝

许可

限制

拒绝，指的是从一开始就"不想使用"的东西。既不需要，对自己来说也不合适，使用起来也不舒适。判定什么是自己想要拒绝的东西很容易，因为对大多数人来说，这些东西与废品无异，自己连用都不想用。

我们上面举的例子——高级咖啡杯，就相当于"限制"类物品。或许也可以说是"不允许"自己使用的物品。并没有到达明确拒绝的程度，但总觉得拿给自己用多少有些浪费，从而不允许自己使用。这类物品，往往都比较高级。

接下来我们就着重看看"限制"类物品。

我们为什么不允许自己使用它们呢？因为我们自己规定了自己"只能使用这一水平区间内的物品"。可是使用高级物品的人，在这世上也大有人在。自己与他们之间有什么区别呢？

断舍离想建议大家的是，不妨试着放手使用那些自己在不知不觉中限制自己使用的物品。 在思考为什么会给自己设限的基础上，允许自己去使用。这样一来，自我肯定感便会渐渐提升，换句话说就是会渐渐喜欢上自己，并且建立起自信。

不仅仅是别人送的高级咖啡杯，什么东西都可以。想必每个人，都有基于自己的价值观而"限制"自己去使用或接近的物、事、人，不妨放手去充分利用他们，借助他们的力量，让自己喜欢上自己。

下面这件事是我的亲身体验。几年前，我与朋友出国旅行，买了好多好多当地特产。乘坐国际航班到达关西国际机场后，转乘国内航班时，我费了九牛二虎之力，打算把这些大件行李寄回家去。朋友看到我这样，说了句："山下，看来你挺在意别人怎么说你啊。"朋友的意思是说，我在试图躲避周围邻居好奇的目光，不想被他们说：

"那家的媳妇出国旅行,带了那么多行李回来,还真是奢侈。"我在寄行李时,自己根本没有察觉到,没有意识到,朋友却一语惊醒梦中人。我婆家在一个古老的城镇,那里的人们世世代代关系密切,形成了一个共同体。我的邻居中,有很多人,我甚至觉得她们就像是我在镇上的婆婆,村里的婆婆。正因为我知道自己是东京嫁过来的媳妇,本来就引人注目,内心才不知不觉感到有些自卑。换句话说,当时,我在不知不觉中,把开开心心出国旅行后拿着大包小包的行李回家,设置成了"限制"自己去做的行为。

从那以后,遇到相同的状况,我便不再在意周围邻居的目光,泰然处之,我行我素。如果对方略有些阴阳怪气地对我说:"哟,这是去哪儿了,玩得高兴吧?"我也不再回答说:"没有没有,哪里哪里。"而是挺胸抬头地说:"对啊,可开心了!"就这样,我变成了"海外旅行归来时堂堂正正、毫无顾忌的自己",不仅让自己的层次得到了提升,对方也是一脸觉得我"刀枪不入"的表情。在他们眼里，我应该是个内心坚定的人吧。

顺便说一句，在这种时候，如果采取一种所谓谦逊的态度，用"没有没有，哪里哪里"来掩饰自己的真实感受，就是自己表露出了心虚，到头来，反而会让对方"趁虚而入"，干涉自己。无论在言语上还是行动上，都一以贯之，做"海外旅行归来后开开心心的自己"就好了。这也是一种拥有"自我轴"的方式。

有时，我们总在不知不觉中立足于"他人轴"，按照他人的标准来选择自己如何行动，去在意诸如"这样做的话别人会怎么看我啊""周围的邻居会怎么想我啊"之类的事情。

面对这一个个的顾虑，我们只要有意识地告诉自己："我又没碍他们的事！""不管他们怎么想，我就是喜欢！就是开心！"自己给自己发出"前进"的指令就好。这些微不足道的小事，就是自我革命的第一步。

语言改变命运

拒绝，允许，限制。想想看，面对不同的情况，我们分别会使用怎样的语言。

首先是拒绝时说的话。这些话语的重要性比我们想象的要高得多。因此，请大家务必重视那些基于自身的思想和情感，明确说出的表达"NO"的话语。即便只是不想办积分卡，不想要赠品，也要清清楚楚地说出"不，我不需要"。有一种从这些微不足道的事开始做起，一点一滴积攒勇气的感觉。

允许时说的话呢？"好吧""也行""试试看"，透露出一种柔和委婉、积极向上的印象。

接下来是表达限制时说的话。这类语言集中表现为副词，而且大多是一些没什么实际意义，无意识中脱口而出的话。

诸如"可惜……""好不容易才……""总归都会……""反正也会……""到头来还是……"之类的。

它们常与否定表达一起使用，而且与表示拒绝和允许时所说的话不同，往往是我们不知不觉间脱口而出的一些话。我们要明确这一点，并且有意识地区分使用。换句话说，如果经过深思熟虑后觉得可以接受，那就换成表示允许的语言。如果明白自己其实是拒绝的，那就换成表示拒绝的语言。

面对自己虽然喜欢，但价格高昂，让人望而却步的东西，我们会下意识地感叹"好贵啊"。实际上，你会因为价格高昂觉得"总归还是没钱""终究还是和自己不相配"，就算想买，也是因为觉得"难得……不买就亏了"。如果内心总是隐藏着给自己用这么贵的东西会不会不合适的想法，感到内疚，那么这些话就是表达限制的语言。而**感到内疚的原因，则是缺乏自我肯定感。**

与之相对的，有意识地说出"太贵了，不买了"，就是表达"拒绝"的语言，有意识地说出"虽然贵，但也要买"，就是表达"允许"的语言。

到头来，还是拒绝和允许二选一。

我们为什么要关注语言呢？特里莎修女[1]有句名言：语言决定思维，思维决定行动，行动决定习惯，习惯决定性格，性格决定命运。

可断舍离想更大胆地说：

"语言改变思维，思维改变行动，行动改变习惯，习

---

1 著名的天主教慈善工作者。

惯改变性格，乃至命运。"

为了让命运变得更好，我们首先要改变语言。语言可以说是思维、感情、感觉这些无形之物的载体。因为有"悲伤"这个词，我们才能确认和理解悲伤的心情，并将这种心情说给别人听。语言与物品，是有某些相似之处的。

重新审视语言，让语言变得更加到位，便能拥有让思维、行动、习惯乃至命运都焕然一新的力量。语言与物品一样，都是我们的抓手。

说到语言，还有相当重要的一点，那就是语言与潜意识的关系。关于潜意识，我们会在第四章中详细阐述。人类的潜意识无时无刻不作用于"当下的自己"。比如我们在说某个人的坏话，说的当然不是自己，可潜意识是一个不区分自我和他人的世界，总认为我们说的就是"当下的自己"。因此，说他人坏话这种行为，会通过潜意识侵蚀自己。知道这件事后，与其说我是不再说他人坏话了，不如说我是说不出口了。

另外，双重否定也同样会作用于潜意识。我们经常会使用"不舍弃物品，房间就收拾不好"的表达方式。这种表达方式到头来还是会让我们的意识向"不舍弃"这一否定的方向倾斜。因此，除非是有意识地进行强调，否则，用"扔掉"这种直白而肯定的表达就足够了。

还有个类似的例子，句尾的力量，比我们想象中要重要。句尾透露出的感觉，也会作用在自己身上。

"我想扔。"
"我要扔。"

请大家出声读一读这两个表达愿望和期待的句子[1]。把

---

[1] 在这两句话的日语表达中，表示"想"和"要"的词在句尾。

"想"和"要"拉长，感觉会更加明显。这样说的话，应该很难让你产生一种真正去付诸行动的感觉吧。说这种表达愿望和期待的话时，有一种下半身脱力，上半身聚力的感觉。中医讲究"上虚下实"，主张下半身稳健有力才能健康。而表达愿望和期待的话，则是用语言强化了截然相反的状态，即"上实下虚"的不稳定状态。

"我扔掉。"

这样说又是什么感觉呢？力量一下子汇入了腹部，汇入了正中线，身体的中心，肚脐周围的丹田。表达"意志"的语言，实际上会给身体注入能量。另外，用怎样的姿态将这些话说出来，也十分重要。在说"我扔掉"这种表达意志的话语时，含胸驼背的姿势想必是不合适的，怎么看也不像是能做出选择和决断的样子。其实，挺胸抬头的姿势可以刺激胸腺的激素分泌，让人心生勇气。因此，我们可以渐渐有意识地从"相"这一外部形态因素开始入手。

我们总会在不经意间顺嘴说出这样的口头禅："要怎么办啊""会怎么样啊"。说起来，这些也是消极地表达"期待"和"愿望"的语言。说这些话，到头来，只能不断强化对现状的不安，除此之外，起不到任何其他的效果。既然如此，不妨在心里问问自己"想怎么做""想要怎样的状态"，一旦要将想法变成语言说出来了，就大方宣布："我会……做！""我会变成……的状态！"也就是说，用心理学和经营学中常说的"参与（指大方宣告、忘我奉献、完成使命等）"的状态去面对，并转化为实际的计划，落实到现实世界中去。这样，事情才能有具体的进展。**这才是让未来发生化学变化，从模糊不清的"梦想"变成实实在在的"计划"的奥妙所在，即语言的魔法。**

通过语言、身体、物品三个要素,让潜意识发生变化,才能确立起自我轴。掀起人生变革的突破口,就是这样在日常中一点一滴地开拓出来的。

■改变命运的说法

语言	作用	改善后
表示限制(不允许) (反正……总归……)	影响自我肯定	表示拒绝或允许
坏话	伤害当下的自我	不说
双重否定 (不做……就不能……)	强化对现状的否定	肯定 (做……)
模棱两可的表达	降低执行能力 (上实下虚)	清晰明确的表达 (上虚下实)
消极的愿望和期待	强化对现状的不安	宣告、参与 (制订计划)

执念是要慢慢消解的

我们通过物、事、人及语言重新审视"烦恼"时，会有这样的领悟：

不对事物进行重新审视，不确立自我轴，这样活着，就会稀里糊涂地吸纳自己并不是很赞成的观念，不明不白地陷入自己并不太喜欢的人际关系，最终让自己变得痛苦。

不知道如何与自己相处，烦恼就会一直挥之不去，思维停滞的状态也会一直延续下去。

生活中充斥着与垃圾废品无异的可有可无的物品，这

种状态完美体现出了自己饱受徒劳感折磨的生活方式。物品是一种象征。断舍离之所以再三强调舍弃不需要、不合适、不舒服的物品这种方法论,就是希望大家能够通过收拾物品意识到这一点。

然而,断舍离并不是一味让大家"抛弃执念"。与所有物品断得一干二净,枯燥无味地生活,想必任何人都不想这样做。断舍离的"离",表现的是自然而然脱离执念的状态。也就是说,并不是有意识地"归零"。

还有一种听上去有些矛盾的说法,即"**想要抛弃执念才是最大的执念**",因为这意味着执着于抛弃执念。

人只要活着,执念和占有欲就会如影随形。我们与其否定它们,不如慢慢消磨它们。消磨的过程虽然困难重重,但同时也趣味无穷。

有一个词与执念相似,那就是"讲究"。"讲究"这个词虽然往往被当作褒义词使用,但总让人隐隐觉得有些别扭。比如认定"这件东西不是这个品牌的就不行"之类的。

饮食方面也是如此。对目前的饮食生活怀有疑虑,于是重新审视饮食生活,想摄取一些更有利于身体健康的食物,采取一些更有利于身体健康的饮食方式,这种态度本身肯定是没错的。

然而,**当你认定"非此不可"的瞬间,自在就会逐渐离你远去,就像握在手里的沙"唰唰"地流走一般。**

"讲究",有没有让你把自身之外的价值观拒之门外?有没有让你紧紧抱着现在的价值观不放?这种精神洁癖,有没有让你的价值观变得脆弱而不健全,以致无法应对突如其来的变化和紧急状况?经历了"3·11"东日本大地震后,对断舍离有了新的领悟的人,绝不在少数。

过着被心爱之物包围的生活。通过断舍离,的确可以创造出这样的环境。然而，这并不是为了在封闭的世界中培育对自己的爱。断舍离的第一要义，是通过对物品这一"心灵的呈现"进行精挑细选，维护精神健康，让精神世界变得开放而通透。

一直绞尽脑汁地思考，有没有让你觉得一个头两个大？对外部信息照单全收，有没有让你在生活中以他人为中心？又或者，在面对现存的事物时，有没有变得过于疑神疑鬼？

我们需要确认的是，现在，自己的身体是否愉悦，心灵是否得到了滋养。换句话说就是，我们有没有以"当下的自我"为中心。

我的瑜伽老师曾经说过："**别轻信，别怀疑，去确认。**"这句话简直是至理名言。

当然，满心执念的我也应时刻铭记，要通过断舍离去消磨占有欲。

> 坚持自己去分析、思考、感受,在这一过程中,自我轴会变得越来越清晰。在烦恼之前,先对思考的立场以及语言和态度去整体性地重新审视,便能向更高的境界迈进。

纸上研讨会 案例3 "想要报复母亲的自己"

（年龄 30+ 女性）

问： 一回娘家，我就被家里繁多的物品搞得心烦意乱，总是和母亲吵架。从小妈妈就总责备我，让我"快收拾好"，现在却反了过来，换成了我对妈妈说"快收拾好"。但这样好像是在报复妈妈一样，让我觉得很痛苦，很难过……

山： 我太理解你的苦恼了，因为我的妈妈也是如此。简言之，现在的状态是力量关系发生了逆转。人都有以牙还牙的想法，我们也一样。我们只要意识到这一点就好。至于事实上有没有以牙还牙，这样做是好是坏，则是另外的问题。对于你的"以牙还牙"，妈妈做何回应？

问： 好像也没有什么回应。所以，这反而让我愈发觉得"真是无趣"。

山： 也就是说，这是一场借助物品上演的复仇剧。在分出胜负之前，有意识地继续"以牙还牙"，也不失为一种方法。如果不想这样，就只有减少接触频率这一种方法了。

问：因为我有孩子，为了让妈妈能见到外孙，我得常常回娘家……

山：你是不是觉得对娘家不管不问的女儿不是好女儿？你为什么要带孩子回娘家呢？

问：……可能是我想让娘家人看到自己的成长。

山：也就是说，你想得到妈妈的认可。你在挑起争执的同时，又想看到妈妈见到外孙时的笑脸。换句话说，你在以各种各样的形式，试图满足自己"想要得到认可"的需求。现在的自己就是这样，有点可爱，还有点勇猛。其实，最本质的问题在于你"想要得到妈妈认可的需求"没有得到满足。怎样才能解决这个问题呢？

问：告诉妈妈，一直以来我都过得很辛苦。

山：这样也未尝不可。在期待妈妈对你说出"你好了不起""谢谢你"这样的话之前，重要的是先将自己的感受表达出来。可如果表达感受的话变成了一上来就对妈妈说"快收拾好",问题反而会越来越棘手。

问： 我现在还有一个担心的问题,就是有朝一日,我会不会也对自己的孩子做出妈妈曾经对我做过的事情……

山： 首先,如果你能把自己的感受告诉妈妈,就不会再责备孩子了。我们总是在不知不觉间让父母曾经做过的使我们感到痛苦的事情在孩子身上重演。因此,如果你对孩子做了同样的事情,重要的是先向孩子道歉。你希望妈妈能做到的事情,自己要先做到。这才是斩断恶性循环的关键所在。

第四章
从"俯瞰"的角度把握物、事、人

只要具备了俯瞰力这一能够抓住事物本质的力量，就能明白该如何掀起人生变革。知道了"飞机的乘坐方式"后，先试乘，体味从上空俯瞰的感觉。

掀起人生变革,关键在于 3 点

放下阻碍命运发展的"烦恼",强化自我轴,人生的视野就会变得越来越清晰。松开刹车后,才能越来越重地踩下油门。

有些人左右逢源,人生不断向前发展。有些人的人生却不知为何总是停滞不前,原地踏步。大家有没有想过,这两种人的区别在哪里呢?在于运气好坏吗?断舍离所理解的"运",正如字面意思所表现的那样,是由**缘分**"搬运"到我们身边,并使我们受惠的。因此,我们不能指望把运气变好,而是要等好运眷顾。

那么,如何才能与带来好运的缘分相遇呢?没有其他办法,只能靠自己的双手,想办法去开拓。换言之,就是掀起一场生活方式的变革。

事实上，改变命运，让人生变得自由自在的关键，只有三点：

一、舍弃不需要、不合适、不舒服的事与物→践行断舍离
二、喜欢上自己→自我肯定
三、人生虽百转千回，却自有一番乐趣→俯瞰与解读

仅此而已。

有关第一点和第二点，我在《断舍离》中，以及第二、三章中，都做了详细的阐述。

在本章，也就是第四章，我们将以第三点"人生虽百转千回，却自有一番乐趣"为主题，来看看如何积极地解读人生。

断舍离是一种训练，目的在于有意识地按自己的意愿生活。反复对物品进行取舍和选择，做出决断，是在锻炼我们果敢地开启人生的力量。当我们具备了这种力量时，人生该变得多么精彩刺激啊。我自己也有过亲身体验，断舍离给我人生的引擎加大了马力。

断舍离带给我的，我通过断舍离获得的，是自立、自由、自在。而且我现在依然在不断进化的过程中。

市面上有各种各样的有关开运和自我启发的书籍，在宣扬"用5分钟改变生活"啦，"瞬间改变人生"啦什么的。但我想大家也都发现了，做起来绝没有那么简单。

就像一流运动员的运气总会伴随着不为人知的努力一样，我们若想改变命运的走向，也需要日积月累，反反复复地练习。

很多人认定"这种练习充满了艰辛"，这或许只是一种想象。实际上，断舍离是在每天的日常生活中进行的。一点点的领悟，以及由这一点点的领悟所激发出的"干劲"，自然而然便能让我们保持践行断舍离的动力。

自立、自由、自在，说起来简单，可它们具体指的是怎样一种状态呢？深究下去就会发现，这里面其实包含着身体、金钱和心灵三个要素，每个要素都有属于它们的自立、自由、自在。身体健康，金钱上不用受限制，精神上不用受束缚。如果能过上这样的生活，那可太美好了。

想象一下，不用顾虑任何人，不用受任何事物的干扰，经济独立，想去哪里就去哪里，想见谁就见谁，会是怎样一番景象。在这种状态下，我们才能与很多美好的缘分相遇，并且与有缘相遇的人共同学习，从而改变运势。

世上的确有很多人正在逐渐接近自立、自由、自在的状态。当然也有许多人，通过断舍离实现了自立、自由、自在。然而与此同时，也确实有一些人，无论如何也达不到这样的状态，与运气相隔甚远。**这种堪称人生两极分化的差距究竟是如何导致的呢**？我想这种差距，与俯瞰物、事、人的力量，即"俯瞰力"，有着极大的关系。我在《俯瞰力》中做过详细的说明，实际上，在坚持践行断舍离的过程中，自然而然便能养成俯瞰力。想要收拾居住空间，不能一味扔东西，用俯瞰的视角把握物品也同样不可或缺。

接下来，我们将对俯瞰力进行考察，并从各个角度分析一下，为什么具备俯瞰力可以改变命运，进而达到自立、自由、自在的境界。

"把厕所刷亮能提升财运吗？"

听起来似乎有些好笑。在一次讲座中，一位听众问我："听说把厕所打扫得闪闪发亮能提升财运，我是不是也该刷一刷？"

这位朋友是不是错把我当成风水先生了啊？我当时真是满头问号。

首先，我不明白她为什么要问别人"我是不是也该刷一刷"，把判断的权利交给他人。难道我说"不刷也行"，她就不刷了吗？面对这种问题，我一定会反问对方"你自己是怎么想的"。**因为一旦开口询问他人的意见，就意味着把自我轴拱手让人。**

还有一件事情也让我感到不解，那就是这位朋友为什么维持着既没什么财运，厕所八成也不是很干净的现状，任不满越积越深呢？风水学中经常把财运和厕所联系在一起。我们假设打扫厕所真的有提升财运的效果，以此为前提，想一想这个问题。

这位女士原本就有一种认为自己没什么财运的意识。因此，她才想变成有钱人，觉得刷刷厕所可能会让财运有所提升。然而这种想法反而强化了她潜意识中"我没有财运"的认识。

也就是说，当她试图采取一些行动时，当她向我提出上面的问题时，当她想要改变自己所处的环境时，如果**对现状是持否定态度的，那么这种否定态度对心灵产生的影响反而会占上风**。心灵觉醒的领域里也常有这样的例子。不走运的时候硬要反复通过"谢谢"之类的积极肯定式的语言进行自我暗示，试图以此作用于潜意识，反而更加强调了自己现在不太走运的事实。

既然如此，何不先对现状持肯定态度呢？这位女士至少有来参加讲座的钱，有能遮风挡雨的房子住，也许经济上并不宽裕，但生活总算过得去。先从感谢的角度出发，既然生活还过得去，何不把厕所打扫得更加干净？因为据说可以提升财运嘛。工作也要加油！即使打扫厕所真有提升财运的效果，也要在这种心态下，才能体现得出来。如果她能从这个角度去把握问题，便不会选择向他人提问了。

我们并不是仅仅在探讨打扫厕所与提升财运的问题，而是在说一种总把关注点放在对现状的不满上，习惯性地认为"都是因为这样，才实现不了愿望"的状态。这种状态，是一种视点低、视野窄的状态。我们把自己困在了围住自己的狭小世界中，已经看不见那些幸运的部分了。

那些天天说着"我要变瘦，我要变瘦"的人也一样。先从肯定开始，认识到自己"虽然有点胖，但幸运的是，现在很健康"，然后再去想"可我想再变瘦些，好穿上这件衣服！这样一来，我就会变得更漂亮，说不定还能遇见心仪的人，多叫人高兴！"。这样是 OK 的。不要一上来就从"总是这么胖怎么找得到对象？"这种否定的角度入手。

简言之，就是**感谢现状，把关注点放在希望上面**。

毕竟，能活着本来就已经很幸运了。如果能健康地活着，就更幸运了。我并不是在宣扬积极思维。只要稍微以俯瞰的视角思考一下，就绝不会发出极端的论调了。

换句话说，找到了俯瞰的感觉后，自然而然就会生出感激的心情。关键就在于能否拥有俯瞰的视角。

俯瞰一下，便能重新审视前提

下面我们将尝试从俯瞰的视角，来把握一下人们生存于世的重要前提。常言道"健康第一""身体是本钱"，然而，对于这些听上去理所当然的话，如果我们也习以为常地认为"这是自然"，就会忽略这些话真正想要传达的信息。

断舍离常说，人有3种生命，即"肉体生命""社会生命""精神生命"。肉体生命，正如其字面意思所表现的那样，指的是人类作为生物的实体性生命。社会生命，简单来说就是指得到社会认可的需求，即希望在社会上得到承认的需求。这与经济能力也有关系。精神生命则是指内心的充实，即通过与人交流所获得的充实感，抑或是想要通过观赏美的事物、接触艺术性的事物来使内心变得丰富的需求。这3种生命要遵循一个大原则,那便是**"社会生命"与"精神生命"是建立在"肉体生命"的基础上的**。换句话说就是,"社会生命"与"精神生命"是人类所特有的,而其基础则是"肉体生命"这一动物性生命。因此,在任何时候,肉体生命都应该被摆在第一位。但是,我们人类总是动不动就把焦点放在"社会生命"与"精神生命"上面,因为裁员或者恋爱不顺利这些与"肉体生命"毫无关系的事情导致身体状况恶化,甚至伤害自己的生命。

在断舍离研讨会上,我总会对学员们说:"不用顾虑其他的学员,想去卫生间的话,随时都可以去。"因为压抑肉体上的需求是非常痛苦的事情。虽然不至于立刻危及性命,但人们总认为在社会生活中压抑肉体上的需求是理所当然的,甚至把它当作了前提,这是否真的合理呢?

的确,在社会生活中,我们多少需要忍耐,这是没办法的事情。我的意思也不是说,只要肚子饿了,哪怕还在开会,大家也可以立马打开便当开餐。然而,如果"肉体生命才是一切的大前提"能够作为社会共识得到更多关注,我们便不会过度地折磨自己的身体了。

我们首先要做的,是认识到虽然世人常说"健康第一",但有些时候却并没有把健康摆在第一位。不要忘记生命的优先顺序。

■ 人类的 3 种生命

社会生命　　精神生命

肉体生命

肉体生命是一切的基础

认清客观与俯瞰的区别

有个词与俯瞰有些类似,就是客观。这两个词有什么区别呢?它们似乎比想象中更难区分,让人有种似懂非懂的感觉。

我们来举个简单易懂的例子。比如说,父母吵架了,年纪尚幼的孩子感受到父母之间不愉快的气氛后,便会跟着一起变得情绪低落,自己也变得难过,哭了起来。这既不是俯瞰也不是客观,而是把自己摆在了和父母一样的位置上。但是,等孩子长大一些又会怎样呢?孩子会觉得"啊,我爸妈吵架了!瞧,又来了。唉,不过这也正常。让他们先吵去吧",能够稍微用抽离的视角来看待这个问题,而且还带着温情的意味。"现在先吵去吧""这也正常"的想法，证明孩子并没有只盯着当下父母正在吵架这件事情不放，而是能够基于长远些的视角来看待这个问题。就好像天气有时晴有时阴，今天刚好下雨一样。

但客观却不一样。客观是觉得"爸妈又在吵架了，这两人真是不明白什么叫吃一堑，长一智。算了，反正也不关我的事"。**既没有共情，也没有包容，完全一副事不关己，高高挂起的样子。**

曾经有一个同事，不知道为什么，总让我觉得有点别扭。后来我发现，是因为那个人在说话时，最后总要加上一句"不过，反正也与我无关"，就像口头禅一样。说无关也的确无关，的确是别人的事情，但我就是没来由地觉得那样说很伤人，虽然那句"无关"并不是针对我说的。

与我们想象的不同，世上有很多事，说句"无关"就能到此为止。因为实际上，即使是伴侣和子女，也都是他人，不是自己。如果对方还是自己讨厌的人，或是与自己价值观不合的人，当然更是如此。然而，既然是伙伴，是家人，总归还是和自己有相通相连之处的。彼此间相通相连的，有时是具体的事或物，有时则没有具体的形态，非要说的话，也许类似心理学上讲的"集体潜意识"。好比日本队在奥运会上取得了许多奖牌，每个日本人都会感到高兴，就是这样一种感觉。

或许是出于这个原因，实际上，即使是与我们没有直接关系的事情，我们也还是无法断言"与我无关"。令人意想不到的是，只要真诚坦率地活着，谁都会有这样的感觉，也就是所谓的"共情能力"或"包容能力"。我们应该更加信任这种能力。从这个角度来说，"无关"还是有些太过疏离了。

从更广阔的范畴来看，我们原本就属于同一个职场，同一座城市，同一个地区，同一个国家，同一个世界，而且都是地球人嘛！我们甚至拥有把格局不断打开的共情能力与包容能力。可以说，**俯瞰，是一种绝不把，也不能把任何事当作与自己无关的事情的视角**。因为它会赋予我们一种感受力,让我们认识到世界是一个巨大的场域,包含着我们自身的存在,并且让我们感受到自己和他人都是构成世界的重要元素。

把"内稳态机制"当作"相"去把握的"解释力"

我的瑜伽老师曾说:"**初学者要从相入手。**"这句话原本是指不理解就先从形态开始模仿,进而逐渐接近本质。我将这句话铭记在心,并基于此去俯瞰事物,渐渐发现,我们所生活的世界的所有领域内,所有次元里,都有形似的事物。

"内稳态机制"是一种维持生命状态稳定的机制。实际上,在断舍离中,我们将这种机制作为"相"来把握和应用,这一机制的关键在于"当下的自我"。

我们其实是在"自力与他力的平衡"中生活的。

平日里，我们受意识支配，往往会把焦点放在意识支配下的行动与语言上面。实际上，有时，我们的身体是不受意识控制的，也就是说，有些身体活动是受他力控制的（这里所说的"他力"并非"他力本愿[1]"的他力，而是脱离自身意识，基于生命本能的力量）。

毛孔为了调节体温而开合，心脏持续不断地跳动，伤口自然而然地愈合，都是基于维持生命状态稳定的机制，也就是"内稳态机制"。**这是一种即使自己并没意识到，身体也会自动从不适状态向舒适状态调整的力量。**

日语中有种非常美好的说法叫"托您的福"，或许可以说，内稳态机制正是这样一种"托身体之福的力量"。

出于压力等消极的心理因素，心理和身体失去平衡时，这种自动调节的机制也会受到影响。心理因素，包括

---

[1] 佛教用语，指依赖阿弥陀佛的愿力拯救众生。

人际交往中产生的压力，对过去的执着与后悔，对未来的不安，等等。换言之，就是由于没把时间轴放在"当下"，没有确立起"自我"轴而产生的烦恼。

明明不热却会出汗，胃酸过多，胃部针扎般的疼痛，呼吸不畅……这些情况让我们充分了解到身体和心理是不可分割的。

当我试着从断舍离的视角去解读内稳态机制的运行方式时，发现它是建立在一个绝对性的大前提上的，那便是它始终是对"当下的自我"，也就是在第一人称现在时的情况下起作用的。大家明白吗？

现在来具体说明一下。想起了过去的痛苦经历，自己会流泪。在电视上看到遥远国度的贫困儿童过着悲惨的生活，自己会流泪。事实上，"现在"绝没有发生什么令人痛苦的事情。那些让我们流泪的事情，也绝没有发生在此时此地的"自己"身上。在我们不知不觉代入感情时，"当

■**自力与他力的平衡**

自力的世界

与地面相接处是"当下的自我"

他力的世界（"托福"的领域）

134

下的自己的身体"无意识地做出了反应，流下了泪水。我们的头脑明白这些事情并没有发生在现在的自己身上，然而不可思议的是，身体却不受头脑的控制，流下了泪水。我想大家应该已经明白了，这也就是说，在潜意识的层面，是无法区分自己和他人、过去和现在的。

实际上，梦这种潜意识的产物也是如此。

梦基本上都是支离破碎的。无论是时间轴还是前后关系，抑或是出场人物，都不具备现实层面的统一性与连贯性。即使出现在梦里的是大海这种自然事物，或是现实生活中的朋友，往往也都是"当下的自我"的感情投影。

换句话说，**在内稳态机制和潜意识的领域里，没有自己和他人、过去和现在之分，也没有对错和善恶，只有"当下的自己"一直存在着**。

断舍离看似是在精简家中泛滥成灾的物品，**但这种方法的真正意图，是将潜意识的状态落实到物理层面，让生**

活重新找回由不快向快乐迈进的机能。也可以理解成,就像内脏会无意识地自动运转来维持身体健康一样,如果住处也能自动运转来保持环境整洁,那可太理想了。

若是"烦恼"这种由于时间轴和自我轴的偏离而产生的心灵废料妨碍了"内稳态机制"的运转,那么我们便可以在物质世界中,扔掉真正的垃圾和废品。通过物品,通过五感,去唤醒潜意识中"当下的自我"。

这里所说的,并不是盲目地精简物品,而是通过进行选择与决断,筛选出"对当下的自己而言需要、合适、舒服"的物品。这样一来,内稳态机制,也就是**"生命机制"才会在生活中正常运转。**

在基于以上条件的实践过程中,包括我自己在内,不计其数的人都收获了"良性循环"。至于为什么会这样,目前还没有经过科学验证的解释,但真实案例却不胜枚举。比如：

- 收拾和打扫变得快乐起来，总能保持舒适惬意的状态。
- 变得勤快起来，能搞定所有家务了。
- 不再乱花钱，开始存钱了。
- 工作进展顺利了。
- 变得健康了。
- 变得喜欢自己了。
- 人际关系变和谐了。
- 精神上轻松了。
- 意想不到的好事降临了。

…………

"活在当下"的重要性，我们到处都能听到，这个道理已经被解释得清清楚楚了，许多人都明白。

然而，我们往往还是会纠结过去，担忧未来，以他人为中心。人就是这样，**道理都懂，但若只是心里明白，也还是控制不住自己**。正因如此，断舍离才要借助物品，行动起来。这样一来，就能用"内稳态机制"这一生命机制来比喻生活，解释生活。是将断舍离仅仅当成一种收拾术就到此为止，还是当成一种能给人生打开通风口的方法去充分利用，关键就在于这种"解释力"。

金钱就是能量

最能体现俯瞰和解读事物的能力的时候,就是在面对大家都很在意的问题——钱的问题的时候。

可实际上,这并不意味着具有俯瞰力的人就是有钱人,或者会赚钱,而是说他们很会和钱打交道。换句话说,就是把钱的困扰控制在了最低限度。这是为什么呢?

大家有没有思考过钱的本质是什么?我们用我在之前的书《俯瞰力》中介绍过的"三分类法则"来考证一下。

如果让你把钱分成三类,你会怎么分呢?这是一个思维的游戏。游戏要求把钱分成三类,可以让我们从善恶和对错的二元对立中跳脱出来,用更抽象的思维把握事物的本质。越是具备俯瞰式思维的人，越是善于解析事物本质的人，给出的答案就会越抽象。不过，这个问题是绝对没有标准答案的。

比如说，有人把钱分成了"纸制"、"金属制"和"塑料制"三类，说明他们对钱的认识是有纸币，有硬币，还有银行卡。这部分人应该属于那种一听到钱就联想到钱包里的景象的人，对钱的印象非常具体。

也有人把钱分成"借出去的钱""借进来的钱""存起来的钱"。这就稍微抽象些了。这种回答是建立在金钱的"流通性"这一特性上面的。

通过把钱分成三类，可以看出分类人对分类对象（这里是金钱）的认识是建立在哪种前提下的。这一点也很有趣。明白了认识事物的前提，就能以"原来还有这种看法啊"的心态，接受自己与对方的不一致。

那么，对金钱更为抽象的分类是什么样的呢？最基本的回答大概是"收入""支出""储蓄"的分类方式吧。换一种脱离金钱本身的说法，就是"进来的东西""出去的东西""原地不动的东西"。

这些词体现出了金钱的本质。与此同时，大家觉不觉得，它们也**揭示了能量这一根本性事物的本质**？

实际上，能量的运动也可以分为这三类。就拿汽车来说，加油时就是吸收能量，驾驶时就是释放能量，不开的时候，就会放在车库里原地不动。然而关键的一点是，虽然是时而吸收能量，时而释放能量，时而原地不动，但能量存在的意义，就在于释放。换句话说，能量就是为了使用才存在的。同样，金钱存在的意义也在于"使用"。

能量是一切事物的原动力。金钱则是其最简单的体现形式。这么说的话，能量，也就是金钱本身，并没有善恶、对错之分，也没有清浊之分。

然而，我们为什么会将这种价值观的标准加到金钱身上呢？

原因在于，赚钱不过是为了达成目的的"手段"而已，我们却把赚钱本身当成了目的。那些"想变得有钱"的人，首先要明确的一件事就是，自己之所以想变成有钱人，到底是为了把钱用在什么地方？

然而，我们却往往一边将赚钱本身当成了目的，执着于金钱，一边又一味关注金钱带来的不平等，认为赚钱和花钱都不是什么好事。从中也能窥见二元对立所衍生出的极端与武断。

过分热衷于赚钱的人，往往得不到他们真正想得到的东西，比如幸福或成功。**因为赚钱明明只是通往成功和幸福的手段，他们却将赚钱本身当成了目的。**

觉得赚钱不好的人，想必不会有什么财运。**因为在你**

产生这种想法的那一刻,你和金钱之间的关系就恶化了,你就无法与金钱和睦相处了。

简言之,以上两种截然相反的人有一个共同点,那就是都不擅长跟钱打交道。一个人擅不擅长跟钱打交道,和他拥有多少钱是两码事。

具备俯瞰力的人知道"钱不过是一种手段",能够中立地看待金钱。经过俯瞰,便会发现金钱其实在十分公平地对待每个人,同时,在不同的时间,不同的场合,金钱的价值也在发生着相应的变化。他们会在这一发现的基础上去使用金钱。这便是与钱打交道的诀窍。

- 深知无论对富人还是穷人来说,100 块钱终究都是 100 块钱,不会产生有了钱就能轻轻松松地把 1 万块钱当成 100 块钱花的误解。

- 开始学会把为了找到便宜100块钱的东西，上网淘一两个小时所花费的时间和精力与100块钱放在天平上衡量孰轻孰重了。
- 面临紧急状况时，或用长远眼光分析问题时，只要觉得自己真正需要，就能当机立断，有时花10万块钱就像花1万块钱似的。

总而言之，金额多少并不是关键。只要认识到这一点，就能恰到好处地控制金钱这一能量的阀门，该开时开，该合时合，运用自如。最终既不会白白浪费钱，也不会为钱所困。

最后，还有一点非常非常重要。

我刚才说过，金钱这种能量是"为了使用"才存在的。换句话说，无论有多少钱，握在手里原封不动也毫无意义。有入就一定有出，这才是大前提。保持有入有出的流动性才是金钱的本质。

这意味着什么呢？意味着**在拿到钱的一刻，就应该做好有朝一日会放手的心理准备**。

下面这件事，是我从一位实业家的后代那里听说的。这位讲述者是一家著名公司的第四代传人，两代之前，家里的公司还如日中天，现在他却把公司整个卖掉，自己则做着管理公司剩余资产的工作。虽说仍旧手握几亿资产，但心中却总是充满不安。这是为什么呢？因为虽然家产过亿，钱却只出不进。平民百姓一听到有几亿的资产，都会直说羡慕，但没有什么是比手里的钱只出不进更让人感到不安的事情了。这绝不是只要钱足够多就能解决的。

即便有好几亿的资产，但若只出不进，当然也会执着地不愿放手，一直把钱牢牢地握在手中，然而手能握住的量毕竟有限，换句话说，时间和精力是有限的。这也就意味着，**当你执着地守着现有的财富不放时，是绝不会获得**

新的财富的。这就是能量法则的大前提,也是断舍离的大前提。

如上所述,财富也好,能量也罢,有出有入不断流动,才是它们最主要的状态。我想大家应该也察觉到了,这个道理同样适用于物、事、人。从高远的视角来看,自己正在做的事,是不是阻碍了能量的流动呢?

财富与能量,时刻在世界中流动。我们只不过是存在于财富这条大河的一条条支流中而已。

如果我们看待一切事物都能从这样的视角出发,并落实到行动上,那么能量就一定会流动起来,循环起来,能够在必要的时候,在必要的事情上,恰到好处地发挥出作用,并适量地回流到我们自己身上。

■俯瞰金钱的流动

我们本可以自由自在地控制金钱阀门的开合。

用"这样的自己也挺可爱"的视角进行俯瞰

在断舍离研讨会上,我常常这样鼓励大家:"这样的自己也挺可爱的。"这种觉得"自己也挺可爱"的感觉,才是养成俯瞰力的敲门砖。

一直以来,自己都与物品缠斗不休,焦头烂额,劳心劳力,总觉得自己"做不到,做不到",陷入持续不断的自我否定里。然而,一旦我们知道只要通过断舍离,就能用自己的双手重新找回原来的自我,心情便会一下子变得轻松起来,就能学会原谅自己。即使现实不尽如人意,也能告诉自己:"算了,人生就是什么事都有可能发生,有起有落的。"有时甚至还会觉得,苦苦挣扎的自己也挺可爱。

我们要充分体会换个角度看问题的乐趣。这也是断舍离的精髓所在。

而且，在不断舍弃对自己而言不需要、不合适、不舒服的事与物的过程中，一直以来从未察觉到的**事物的本质、共同点、相似性，都会自然而然地、清晰明朗地浮现出来**。上升到这一层次后，接下来，我们便能进入解读事物与发挥创意的阶段了。

人类所能到达的俯瞰的最高境界，便是从宇宙俯瞰万物。据说，不少宇航员由于在外太空亲眼眺望了地球及宇宙空间，回到地面后，改变了自己的人生目标。或许是因为他们切实感受到了地球上、身体内，都有一个巨大的机制在运转吧。大家也许会觉得这个话题未免有些太过宏大，但其实在日常生活中，我们也是可以找到这种俯瞰的视角的。我们要相信这一点，并日复一日地不断进行断舍离的训练。

> 学会俯瞰事物,便能在各种情况下,发现事物之间的相似性,体会到"领悟"的乐趣。如果还能对其进行独到的解释,那么自在力就近在咫尺了。

纸上研讨会·案例4 "无法彻底放弃生二胎的想法"（年龄40+女性）

问：我有一个6岁的孩子。因为想生二胎，所以5年以来，一直在努力进行不孕不育的治疗。花在喝中药上面的钱，比丈夫的零花钱还要高。对此，我也时常觉得有罪恶感。然而，在断舍离中学到了"活在当下"的道理后，我开始将注意力放在当下的生活上。换句话说，比起生二胎，我开始更多地把心思放在自己现在的孩子身上。可即便如此，我仍旧觉得，自己的心情还是有些没整理好……

山：你一定挺不好受的吧。我想问你一个问题，你为什么想生二胎呢？

问：原因之一是我自己也是独生女。而且，我在38岁的时候才生下现在的孩子，也算比较晚了。丈夫年纪比我还大，我们也没什么亲戚，等我和丈夫不在人世了，我们的孩子会比世上其他的孩子更早地变得孤苦无依。所以总而言之，等我们死了以后，孩子的日子会不好过。而且这孩子是独生子，又是长孙，从小娇生惯养，所以我想，生个弟弟或妹妹，对这孩子会更好。当然也有我单纯地想要再生一个孩子的因素。

山： 简单来说，就是想让第二个孩子成为第一个孩子的支撑？

问： 我觉得自己好像并没有这样想……但我又是这样说的对吧？

山： 没错，你的确是这样说的。为了支撑别人才出生的孩子，会怎么样呢？再者说，你想再生一个孩子最根本的原因是什么呢？是恐惧对不对？是"这孩子以后孤苦无依了，该怎么办"的恐惧。那么，出于恐惧才被盼望来到世上的孩子，和出于希望才被盼望来到世上的孩子，有什么区别呢？把自己代入到未出世的孩子身上，立刻就能得出答案。或者你也可以这样想：孩子愿意来到充满恐惧和不安的地方吗？孩子会选择这样的父母吗？孩子也想去充满快乐的地方吧。实际上，虽然我不清楚生命诞生的机制究竟如何运转，但我敢说并没有喝喝中药那么简单。不管你期待二胎的到来是出于什么理由,但我希望,在这个过程中,你是心怀希望的。要不要试着鼓起勇气,去面对自己心中的希望与恐惧呢?

问: 我觉得您说的有道理。谢谢。

第五章
掌握"自在力",度过愉快人生

活得自由自在的人,能随时将学到的智慧灵活地应用到人生里。他们驾驶着飞机,既能纵横驰骋于云间,也能偶尔回归到地面。

进行俯瞰,把握人生真谛

过去我当瑜伽老师时,负责的是初学者班。我喜欢教初学者,因为我擅长教初学者。

教初学者时需要掌握一项必备技能,就是把艰深晦涩的语言转换成简单易懂的语言传达给对方。当然,这也与我自身本就不善于用复杂的思维理解艰深的语言有关。所以,我总是用自己的方式来翻译、解释。

去年[1],我造访了以原始佛教圣地而闻名的不丹。或许是受益于当地的环境,我得以用自己的语言,对**三法印**

---

[1] 本书日文版出版年份为2013年,此处的"去年"应该是2012年左右。

（诸行无常、诸法无我、一切皆苦[1]）这一原始佛教中的宇宙观进行了重新解读与阐释，我的这种解释，后来便发展成了"断舍离俯瞰图"。

一般来说，三法印的含义如下：

"诸行无常"，指世间万物无时无刻不处在生灭变化之中，刹那不休，无一得以常住不坏。

"诸法无我"，指世间万物之中，皆无"我"之实体。

"一切皆苦"，指世间万物，皆为苦痛。

我们将这三者进一步抽象化，来探究其本质。首先是诸行无常。在日本，这句话因《平家物语》[2]而广为人知，因此人们往往容易向着"盛极必衰之理"，即"繁盛

---

1 在我国的文献中三法印一般指诸行无常、诸法无我、涅槃寂静，此三法印加"一切皆苦"为四法印，与文中表述有所不同。
2 日本镰仓时代前期的战争小说，主要讲述了平氏家族的兴衰。

至极必会衰败""人生本就苦乐参半"的方向去理解。但简单来说，这句话讲的是一切都处于"**变化**"之中的宇宙法则。

其次是诸法无我。人们一直认为，物有物之存在实体，我亦有我之存在实体。但这句话却告诉我们，实际上，物与我之间的"**关系**"才是一切。

比如说，让自己厌烦不已的上司，却有一个会对他说"我最喜欢你了！"的太太。再美味的法国大餐，在饱腹状态下，也无法吃得津津有味。反之，饥肠辘辘的时候，就算是一碗清汤荞麦面条，也是独一无二的美味佳肴。这些现象都表明，自己与他人之间、与物品之间构建起的关系各不相同。

再次是一切皆苦。这句话的意思是，生老病死，人生尽是痛苦之事。换句话说，是在讲"**经历**"。当然也有愉快的经历，但让我们有所收获的往往都是辛酸痛苦的经历，因此才将其归结为"苦"。

这便是三法印。

那么,"诸行无常、诸法无我、一切皆苦"的结果是什么呢?佛家也有一句话来表述,那便是"涅槃寂静"。换句话说,就是开悟。**在断舍离中,我们将其表述为"离"的境界或"愉悦"的状态。**

提到佛教的宇宙观,的确有些艰深晦涩,未免让人望而却步。但只要明白其内涵是"变化""关系""经历",最终达到的境界是"愉悦",思路就会清晰许多,才能将其变为能够应用于日常生活中的智慧。

三法印外加"涅槃寂静"的组合,构成了人生的缩略图。人生的内涵,都浓缩在这四句话当中。**可以说,这就是人生的真谛。**

断舍离,是通往愉悦的道路

不知道人生的构成要素,就仿佛身处没有出路的荒野一般,彷徨又迷茫。而断舍离,可以说是一条让人生变得更加丰富愉快的"道路"。那么,在人生的缩略图中,我们该加上哪些要素呢?

首先是第一个要素——"实践"。仅仅了解人生的内容,是不会给生活带来任何变化的。说到底,还是要进行断舍离的"实践"。要观察物品,去芜存菁。可以先从书架或壁橱一类的地方着手。分清什么才是"需要、合适、舒服"的物品,对不符合这一标准的物品痛快放手,这一行为可以说是一场头脑、心灵和身体的肌肉锻炼。正如我在第三章中所说，实际上，如果不摆对姿势，挺胸抬头，是无法做出选择和决断的。因为头脑、心灵和身体紧密相连，息息相关。

接下来是第二个要素——"**战略性思维**"。**让实践更为高效的战略，正是名为俯瞰力的力量。**我们要用俯瞰的视角去观察哪些事物呢？

去观察"时间"、"空间"以及"关系"。

比如说，你一开始的想法是，这些书再不收拾不行了，于是开始处置书，将书作为着手点。这时，如果你只知道盲目地扔书，就是没有战略性。这里所说的战略，就是我之前再三再四阐述过的，问问自己，这件物品是不是让"现在的自己"感到"需要、合适、舒服"的存在。"现在的自己"，也就是说，要立足现在这一"时间"点，从物品和自己之间的"关系"是否良好的视角出发去审视周围的物品。

这样一来,你会发现,原本只是想把物品和书收拾收拾,却渐渐有了一种打造"空间"的感觉。也就是说,从"收拾物品"变成了"收拾空间"。

在这一过程中,有一个事物在不断发生变化,那便是"信息"。

我们假设你起初或是通过网络,或是通过电视,或是通过杂志,看到了"断舍离貌似不错"的"信息"。但是相对"信息"而言,"知识"要更牢靠些。于是你通过书籍这种很正式的渠道,阅读并理解了"断舍离"的理论,这便是获取了知识。接下来,就是把知识运用到实践中去。在日复一日的坚持实践中,信息会演变为知识,知识又会演变成智慧,逐渐深化。

智慧与信息和知识不同。当我们遇到瓶颈、一筹莫展时,智慧总会苏醒过来,给自己鼓励,为自己助力。**自己**

身上的智慧，与知识和信息不同，是一种能让我们自由运用的存在。

世上的知识取之不尽，我们甚至连用梵文书写的高深典籍都能弄到手，更不要说打开网页后，那些排山倒海般涌来的信息了。

我的瑜伽老师曾说过，要"学习，体验，冥想"。换言之，通过冥想，也就是经过俯瞰之后，可以让学习和体验变得更加深刻。

一开始，这句话对我而言不过就是知识而已，然而我却把它记在心上，并且用自己的方式，将它应用到了乍看之下与瑜伽并没有直接关系的日常生活当中，经年累月地不断磨砺与深化。我的方式便是断舍离。可以说，我亲身经历了通过断舍离将知识不断深化，进而转变成智慧的过程。

有了三法印以及俯瞰的战略，再加上取舍物品的实践,我们便能够达到"离"的境界。"离",是一种愉悦而自在的状态。自在,即"本真"。自然本真地去分析、思考、感受,有时也能在考虑到他人、世间、社会的前提下,自如地调整自我轴,言行与世界乃至宇宙都是和谐的,一切都顺风顺水。这便是自在的终极印象。

即便不像上面说的那样宽广宏大,我们也能在日常生活中一点一点地找到自在的感觉。

■断舍离的俯瞰图

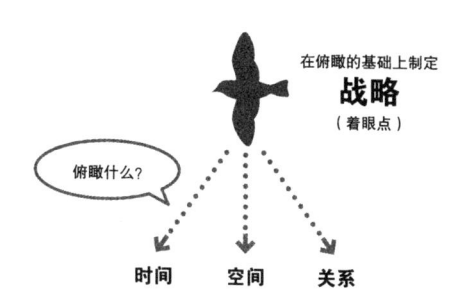

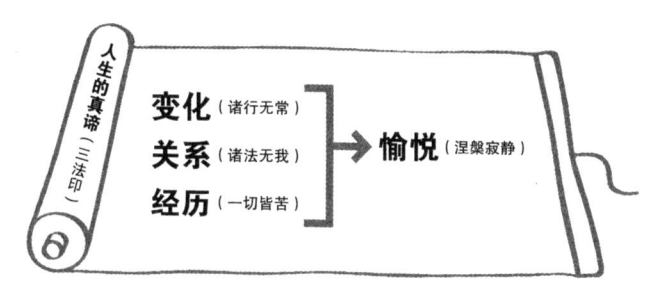

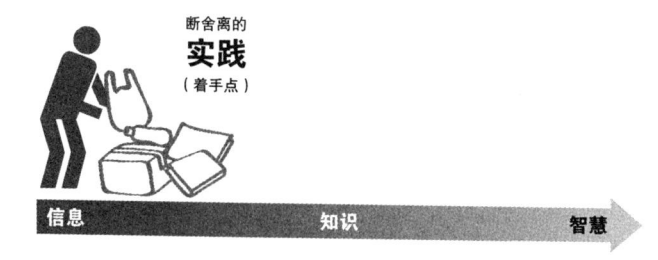

在俯瞰的基础上制定
战略
（着眼点）

俯瞰什么？

时间　空间　关系

人生的真谛（三法印）

变化（诸行无常）
关系（诸法无我） → **愉悦**（涅槃寂静）
经历（一切皆苦）

断舍离的
实践
（着手点）

信息　　　知识　　　智慧

🗑 自在力萌芽的瞬间

我们用一个我身边的例子作为参考,来看看自在力萌芽的过程。

这是我的合气道老师 20 多岁时的经历。

虽然他现在已经成为政商界大人物和活跃在一线的艺人的教练,对他们进行正体[1]与合气道的指导,当时却只是初出茅庐,还住在师父家里学艺。在警视厅机动队做了 3 年合气道教练后,他得到了师父"去幼儿园教合气道"的指令。

然而,当看到一位穿着道服,还裹着和服裙裤的高大

---

[1] 调整身体。通过东方传统的体操和有节律的呼吸运动来调整身体状况。

男人出现在教室里时,50个孩子顿时大哭了起来。听老师说,总之,在长达半年的时间里,他每次去,孩子们都会哭个不停,搞得他什么也教不成。

但是,人往往都是在走投无路时才能发挥出潜力。他绞尽脑汁,决定先在出场方式上下功夫。进教室时先不露脸,而是先"唰"地伸出手,做一些刚刚学会的《拳头山里的狸猫先生》一类的手指游戏,打孩子们一个"措手不及"。慢慢地,孩子们对他卸下了心防。

可是,即使跟孩子们相处融洽了,教好动的孩子们学武术也不是一件容易的事。在机动队教大人的时候,可以用"你们的干劲都去哪儿了!"来大声激励学员们,可这招对付小孩子却没什么用。所以,他面临的下一个难题便是如何让孩子们学会正坐和冥想。他想了个办法,和孩子们玩起了"闭上眼睛就能到月亮上去"的游戏。他让孩子们全都闭上眼睛,对他们说"瞧,是不是看到小星星了呀",带着孩子们遨游太空。这样一来,孩子们便自然而然地喜欢上了闭眼。他发现，只要是有趣的事情，孩子们就一定会专心致志地去做。

然而，单靠有趣并不能解决所有问题，有时他也不得不训斥孩子们。可小孩子的特点是，你刚训斥完这边的吵吵闹闹三人组，那边又冒出个调皮捣蛋五人组。所以，为了让孩子们安静下来，他采取的策略是，故意对那个最吵闹的孩子说"哎呀，你可真乖"，这样一来，周围的孩子便也都会安静下来了。

最后要解决的问题就是制造动力，让孩子们提起干劲来。为此他采取的方法是给那些动作完成得出色的孩子系上丝带，比如给前手翻做得好的孩子系红色丝带，给正坐学得好的孩子系紫色丝带。实际上，运动神经是否发达，在上幼儿园的年纪就已经有定论了。因此，为了让每个孩子都能通过努力获得丝带，他在丝带的等级排列上花了心思，特意强调获得紫色丝带是最了不起的，因为正坐与运动神经的关系最小。

这样一来，孩子们开始主动努力练习正坐和冥想，有活动需要时，正坐一两个小时都不在话下，着实让他们的父母吃了一惊。后来，老师虽然离开了幼儿园，重新回到机动队担任教练，但他的指导方式却发生了革命性的变化。

从这段故事里，我们能够清晰地看出自在力的养成过程。

我的老师由于和幼儿园小朋友们丝毫没有共同语言，所以一开始，他完全不知所措。尽管断舍离常说"比起在意别人的不开心，想办法让自己开心更重要"，可对方足足有50个人，而且还都是小孩子。面对这种情况，恐怕大人比孩子更想哭。于是他只好抱怨几句"孩子们一点也不听话"，敷衍着拖延时间，把这段指导时间熬过去。可事情为什么没有这样发展下去呢？想必是因为，老师的**出发点是积极意义上的"放弃"**。正因为对方是还听不懂道理的小朋友，他不得不从一开始就放弃了"希望得到对方理解"的期待。毕竟即使抱着这样的期待，说出这样的诉求，也只会适得其反。对他之后想出来的那些办法，我真是心悦诚服。

后来，这些办法之所以在指导机动队时起到了革命性的作用，归根结底是因为大人和孩子其实是一样的，只不过大人之间碰巧能够展开对话而已。可实际上，是不是把话说出来就能彼此理解，还有待商榷。语言一方面能提供方便，一方面也会让事情变得更复杂。有些时候，我们发完了言，就自顾自地觉得"我已经把我的想法表达出来了，剩下的就靠你领会了"，把理解的任务交给了对方。然而，这并不算是真正的沟通。

无论面对孩子还是大人，我们都要改变心态，摆脱依赖对方的心理，自己主动去实实在在地打动对方的心。与其正面出击，从正面直接用语言表达，不如进行俯瞰，预测对方的动向，及时变换角度，制定并实施战略，让语言和行动都更加有效地发挥作用，这才是自在所展现出来的独特力量。

我们身边的自在力

具备自在力的人，大多都是"有真才实学"或"堪称一流"的人，这是事实。或者可以说，对负责策划、指导、协调工作的人，以及团队的领导者来说，自在力本就不可或缺。

但话虽如此，**本书所提倡的"自在力"，却并不以让大家变成那样的"大人物"为目的。它是一种能够通过断舍离养成的力量，是自立、自由、自在的境界与状态**，是任何人都能得到的事物。在此基础上，我们来分析一下拥有自在力的人都有哪些特质：

- 在穿衣、饮食、起居、言谈等方面，都体现出鲜明的个人特色，能让人感受到其良好的品位。

- 能与想要遇见的人不期而遇或收到来自他们的联络，能在恰到好处的时候获得想要的东西及必要的信息。
- 金钱方面的能量不会停滞不前。
- 对事物有自己独到的见解，并能用浅显易懂的比喻进行阐述。
- 有厚重的积淀，即使不想刻意说出什么至理名言，也能在不经意间一语道破事物的本质。
- 能给出明确的建议，经常成为别人遇到烦恼时的商谈对象。
- 言行一致。
- 一旦决定做某事，就会高度集中注意力去完成。
- 在不同的情况下对时间有不同的感受，有时觉得它稍纵即逝，有时又觉得从容有余。
- 对神秘莫测的大自然怀有感激之情和敬畏之心。
- 不过分纠结灵性世界等看不见的世界。
- 面对任何情况，比起不满，总是先心怀感激，不忘谦逊。

…………

前些天，参加电视台的节目录制时，我拜访了一位年轻搞笑艺人的家。

他的烦恼，表面上看起来，仍旧不外乎房间收拾不好。但深挖一下就会发现，根源在于求子而不得，以及他最近人气下滑，不知道如何才能让人气回升。实际上，似乎这些才是最让他头疼的问题。

看着杂乱无章的房间，四下散落的物品，我不禁开口说道：

"对搞笑艺人来说，最重要的不就是品位吗？你看看这个房间有品位吗？"

突然被我这样一说，他有些愕然。因为他没想到房间整洁还是脏乱，能牵扯到搞笑艺人的品位这么根本性的问题。但正因如此，只有点破了这个本质问题，才能点燃他的干劲。

住在乱七八糟、毫无情调可言的房子里，念叨着"我想要孩子，可妻子却一直没有这种想法"，恰恰证明了他不善于用俯瞰的视角把握事物。于是我告诉他，要想拥有俯瞰力，就要先把房间收拾清爽。他痛快地接受了我的建议，并开始努力付出行动。

搞笑所需要的品位，时尚所需要的品位，生活所需要的品位。大家或许会觉得三者各有不同，可实际上，它们是相通的。**所谓品位，就是指将事物抽象化、单纯化，把握事物本质的能力**。同时也指能够根据自己的经验和知识，灵活自在地解释事物的能力，或者说是创造性地表现事物的能力。换句话说，品位是俯瞰力和富有创造性的自在力的馈赠。

品位卓越的人，比起把握事物的本质并将其原封不动地表现出来，他们会稍微加加工，调调味，制造出变化。通过加入变化来凸显其本质，进而发现新的魅力。他们拥有这样的魔法。所以，这位搞笑艺人如果想要培养品位，首先要做的就是学会俯瞰式思维，俯瞰居住环境，制定战略，看看如何才能让妻子改变心意。然后，在收拾住处的实践中，去磨炼"思维、感情、感受"。通过给物品分类，训练俯瞰力。以上便是我想给出的建议。

物品乱七八糟，思维一团乱麻，是不会养成品位的。断舍离之所以主张先精简物品，设置"看不见的收纳空间，物品占空间的七成；看得见的收纳空间，物品占空间的五成；展示性收纳空间，物品占空间的一成"的标准，原因就在于此。先将头脑和住处调整到中立的状态，之后再用品位进行加工。这样一来，**才能激发出自己真正的、独一无二的感性，随心所欲、自由自在地展示自我**。这便是我的看法。

离我们最近的拥有自在力的人，或许就是那些"打扮得很有自己的风格"的人。就拿穿衣时尚来说，哪怕他们穿着不知名的牌子的衣服，也会被人问"这件衣服是从哪里买的"。自在力，就体现在这些微不足道的日常里。

又比如说，**那些总让我们觉得，他们不经意间说出的话，恰好揭示了事物的本质的人**。他们能精准地表达出适用于各行各业的真理，并引起人们的共鸣。说得更具体些，就是那些"擅长打比方"的人。因为在学会俯瞰事物后，无论是发生在哪个领域的事情，他们都能将其抽象化，发现"这种情况和那种情况还挺相似的"，从而将二者联系起来，进行解释。基于上面这些例子，大家可以试着去仔细观察一下那些让你觉得"具备自在力"的人的言行，想必会有更多发现。

前阵子，我偶然听闻，一位著名的替代医疗[1]先驱者曾说过一句非常精彩的话：

---

1 现代西洋医学被称为"常规医疗"或"正统医疗"。与此相对，替代医疗被称为"非常规医疗"或"非正统医疗"。其范围包括世界各地的传统医学、民间疗法等。

觉得某件事不可能做得到的人，不该去阻碍那些想要去做这件事的人。

即使遭受着众人"那种事怎么可能做得到"的嘲笑与批判，也依然守着自己的道路坚定前行。这句出自先驱者之口的话语，厚重而有深度。

这短短的一句话引起了我的共鸣，也引发了我的许多思考。

"批判者""被批判者"，如果不得不选择一个立场，我会怎么选呢？

断舍离在发展过程中，也并不是自始至终都沐浴在周围人温情善意的理解里。可即便如此，先驱者和践行者，也要将所有的批评当作宝贵的意见来接受，继续勇往直前。或许这正是他们的使命。是选择当"批判者"，还是选择当"被批判者"，答案已经不言自明了。

不否定，也无法去否定

我们总爱听些富有深意的话语，比如上一节中提到的那句，也希望别人能对自己说些这样的话，也喜欢聚集在那些拥有自在力的人身边，这当然是因为那个人拥有的魅力足以吸引你。那么，这样的人身上最大的魅力是什么呢？是"不否定他人"。**更准确地说，是"无法去否定他人"。**他们能够看透并接受他人的真实面貌，也就是说，达到了具备"同理心"和"包容性"的境界。

任何人都讨厌被否定，害怕被否定。然而，对一个人是否持否定态度，并不一定会通过语言表现出来，需要综合判断气氛、态度、行动、结果，才能得出结论。

并不是说骂别人"你这个笨蛋！"的人就没有包容心。

情况甚至恰恰相反。

我的瑜伽老师发起怒来虽然火势凶猛,但颇有成效。因此有不少人到他这里来,并不只是为了学习瑜伽,也是为了听听他的训诫,以达到养病的效果。一次,一位病得很重的人几乎是被同伴拖着才来到他这里。老师恶狠狠地说:"你就在山上等着吧!我来让你好好吃点苦头!"那位病得很重的人被吓得心惊胆战,居然自己走回去了。老师早已看出来,那个人其实已经恢复了行走的能力。一开始,走不了路或许的确是身体原因,但到后来,更多的则是心理因素在作祟。

也许有人会说:"既然如此,跟对方说明白不就行了?"殊不知,有时,这样的解释只是方便了自己而已,关键是要有效果。**拥有了自在力,才能根据具体情况灵活自如地采用不同的手段,达到真正起效的目的**。世人常说:"能真生气的人,才是真正温柔的人。"上面的例子恰恰印证了这句话。**人总是会被那些不会真正否定别人的人**

所吸引。

我们把视角拉回日常生活。以前,有位女士曾向我诉说过她在人际关系方面遇到的问题。

那位女士是一位感情非常细腻的人。她的同事中有位精于算计的男士,做事时,动不动就毫不掩饰地问:"我要付出什么成本?""对我有什么好处?"搞得她很烦恼,不知道该怎样与这种人打交道。但是,周围也有跟他相处得还不错的人,说句实话,她很纳闷为什么那些人能跟他和睦相处。

也就是说,这位女士是因为和她那位男同事价值观不合才烦恼。还有就是,"那个人很怪"的感觉在自己心里无论如何都挥之不去,为什么别人就能若无其事地跟他和睦相处呢?对此,她也感到不解。

断舍离认为,**价值观不同,是极其正常的事情**。正因为我们试图去迎合别人的价值观,或者希望别人来迎合自己的价值观，才会引发种种分歧与烦恼。面对这种情况，有个调整心态的秘诀，就是去**享受不同，觉得"这很有趣"**。只要不会侵蚀到自己的生命，侵蚀到第四章中提到的"3种生命"，就只需去享受自己和别人的不同即可。也就是说，在交往过程中，如果我们发现某种关系已经恶化到影响了自己的身体，或者已经侵蚀到我们在家庭、职场等社会性场合的立足之地，或者否定了自己的精神世界和价值观念，那我们就有必要探索出一套解决方法。否则的话，则是会享受不同的人获得胜利。

试着用"好奇心"去接受不同，或许这也是孕育内心多样性的一环。当你觉得"这个人好奇怪"时，不妨认为这是一个丰富内心多样性的机会。

在"龙蛇之目"中自由穿梭

之前参加电视节目时,我有幸得见一位搞笑艺能界的重量级人物。

没有高超的智慧,是从事不了搞笑艺术这个行当的。因此,我向来非常敬重搞笑艺人。在节目中,有一段时间,我们重点聊了聊日常生活中的收拾术,以及"舍弃"这种方法的重要性,从各个方面介绍了断舍离。待这部分内容告一段落,在节目的最后,那位搞笑艺人说了这样一段话:"我知道舍弃多余物品的方法很有效果。但在演艺的世界里,内心的敏感细腻至关重要,我是无论如何都无法割舍的。"

我听完之后，觉得很有道理，这恰恰是具备自在力的人才能说出的话。

"内心的敏感细腻"，也可以说是对物、事、人的感受、情感经常发生细微变化的纤细之心。任何人都会有这种细腻的心思，它能让人更有人情味，但有时也会让人难以招架。

不过，可以确定的是，那位搞笑艺人所说的问题，和我们动不动就陷入的犹豫与踌躇不在同一个层次。这一点，只要看过那位搞笑艺人的表演和作品就能明白。

一切创造性的事物，包括作品创作、艺术创作，都离不开断舍离式的感受性。用俯瞰的视角，整体性地把握作品，为了凸显真正想要传达的东西而忍痛割爱。在放手的过程中，不断打磨，精益求精。作品创作就是这样一个连续性的过程。在这一过程中，作品将变得越来越完善，逐渐得到升华，并且一定会受到人们的好评。只不过有些是一经问世便立即受到追捧，有些则因为太过超前，要过段时间才能得到社会的认可。

那位搞笑艺人的作品,有着极高的艺术性,也正因如此,才让"内心的敏感细腻至关重要"这句话显得更加意味深长。

从某种程度上来说,艺术的层次要高于生活。在艺术的领域里,要懂得放手,在舍弃中精益求精。与此同时,也要高度关注内心的细微变化。二者缺一不可,同等重要。然而,在生活中,在探索生活方式、提升自身水平上面,这样的姿态不是也十分重要吗?

东方有"龙蛇之目"的说法,西方有"bird's eye, worm's eye(鸟瞰,虫瞻)"的说法,表达的意思都是**远看近观,同等重要**。

跳出自己的认知与情感,用俯瞰的视角纵观自己的人生,自然而然就会发现"不需要、不合适、不舒服"的事物。在放手的同时,也能够找回对物、事、人的爱。然后回到自己所在的地方,重新确认这些事物的可爱之处。在不同高度的视角中自由穿梭，这份灵动，能在真正意义上丰富我们的人生。而且它还是连续不断，无穷无尽，周而复始的。它能让我们从更为全面的角度去诠释事物，也是激发创造力的源泉。

从远看到近观，细细品味内心感受。做到在远看近观之间来去自如，才能真正意义上对自己和他人产生"同理心"，"包容"自己与他人。我忘不了那位艺人在"3·11"东日本大地震发生后，深感愤怒、悲伤、无力，说了这样一番话：

"这次地震，不是发生了一起造成两万人死亡的事件，而是发生了两万起造成一人死亡的事件。"

只有高远的视角是不够的，也并不能说，只要用心感受物、事、人就足够了。自在力，是一种能够二者兼顾，**真正发挥出"同理心"与"包容性"的力量。**

黑色愤怒与白色愤怒

在第三章中,我们分析了如何消除由于自己一厢情愿的期待而产生的愤怒。

实际上,愤怒分为两种:黑色愤怒和白色愤怒。

黑色愤怒是指一厢情愿的愤怒。如果无法确立起自我轴,就会因为"想让对方怎样做""希望对方怎样做""对方没有怎样做"的期待落空而怒气横生。

那么,另一种愤怒,即白色愤怒,又是什么样的愤怒呢?是觉得"不该发生这样的事情""为什么会发生这样的事情"的义愤填膺。

白色愤怒,是建立在俯瞰力的基础上的。在尚未确立起自我轴时，会因为事情没有向着自己期待的方向发展而生气，这是出于自私任性的愤怒。学会俯瞰后，便能将事物逐渐抽象化，把握物、事、人的本质。这种情况下，愤怒的源头将与前者截然不同。**这种愤怒，往往会成为拥有自在力的人进行创造的能量。**

断舍离也不例外。

我至今仍清楚地记得20多年前在电视上看到的库尔德难民。孩子们穿着破旧的日本小学生体操服，胸口上还缝着用日语写的衣服原来的主人的名牌。严寒中，少年们还生活在帐篷里，却对身上穿的衣服满是感激。

再把视角转到我家的衣橱。好几件暖融融的毛衣躺在里面睡大觉，简直像衣橱的肥料一般，而我却早已连它们的存在都忘得一干二净。对物质分配不均衡的愤怒与愧疚让我难以忍受，激励我走上了断舍离的道路。

去年[1]，通过断舍离的活动，我们与二手商店合作，打

---

1 本书日文版出版年份为2013年，此处的"去年"应该是2012年左右。

通了物品流通的渠道，让物品得以流向那些缺乏物资的国家。对十几年来一直坚持做活动的我而言，这是一份巨大的收获与"喜悦"。

而这份"喜悦"，是在达到自在的境界后，通过对他人做出贡献而迎来的全新感受。

在大家的支持下，断舍离拥有了很多伙伴，断舍离能做的事情也远不止于此。我会抱着这样的信念，让白色愤怒的火焰不断燃烧下去。

工作是在侍奉神灵——奉献的境界

我的工作是杂物管理顾问。工作内容是鼓励和帮助人们收拾好住处里的杂物以及内心中的杂物。

我们平时常说"工作"这个词,但我认为,工作不等同于"劳动",更不能说是"职责"。

我将工作定义为"侍奉神灵"。神之世界的构造,更像是一种让渺小人类的大脑琢磨不透的生命机制和宇宙法则。不知为何,我们却在其中真实地生存着。即使不能像宇航员那样登上太空一探究竟,但只要改变一下视角便能发现,世界上充满了不可思议之事与奇迹。虽然微不足道,但自己也是构成宇宙的一部分,也发挥着自己的作用,这就是在侍奉神灵。听上去是不是有些夸张?

包括做家务和照顾孩子这些没有报酬的事情在内，工作是人类生存的基石，也是人类存在的意义。每个人都有自己的作用，这种状态才是自然的。

为了完成自己的使命，当然要付出精力，也难免要面对难题，但即便如此，也能保持自己的姿态，**怀有一份"这项工作只有我才能胜任"的自豪**。它既不是为了赚钱而不情不愿付出的劳动，也不是带有义务性质的职责。

换句话说，面对同一件事情，是把它当作"工作"、"劳动"还是"职责"，决定权在我们自己手里。

实际上，具备了俯瞰力，明白了能量的本质之后，我们便可以进入下面这个阶段。

面对金钱和能量，我们的首选往往是把它们用在自己和家人身上。在这里，我们首先会产生的烦恼，便是能否合理地使用它们。当你能很好地将金钱和能量用在自己身上时，便意味着你确立起了自我轴。换句话说就是，你在生活中实现了自我价值，能确保付出的能量与自己的生活节奏合拍，并形成良性循环。

然后，通过坚持不懈地进行断舍离的训练，你将达到一种全新的自在境界。

这时，**你便能够将能量用于帮助他人了。这就是"奉献"的阶段**。进入这个阶段后，能量将会形成一个更大的循环。

断舍离所追求的更高境界便是"奉献"。**在这里需要关注的焦点是，帮助他人后，会有多少能量，以怎样的形式重新回到自己身上，我们又该如何利用这些能量去更大程度地帮助他人**。同时我们也会明白，这样做不仅是在帮助他人，也是在帮助自己。我自身从事的与断舍离相关的活动，也是自在力的一种呈现方式，而这些活动的"营养源"便是自我肯定感。不仅仅是断舍离，来自他人的理解与共情也会提升我们的自我评价，并让我们获得更多的自在力。

有一点请大家不要误解，奉献的境界，是在确立起自我轴之后才能达到的。尚未确立起自我轴时，即使想帮助别人，也没有这个基础。

没有自我轴，就掌握不好帮助他人时的距离感。

没有自我轴，在遇到不顺心的事情时，会归咎于他人。

没有自我轴，就意味着不喜欢自己，那么这样的人也无法真正喜欢上他人，更不要说真正意义上对社会、人类、地球这些更加庞大的存在怀有慈爱之心了。

有句话叫"Eco 就是 Ego"[1]，这句话虽有些极端，但揭示出了事物的本质。**在对他人、社会、国家和地球做出贡献之前，我们首先要记得时常审视自己。**

---

1 Eco 是 ecology 的缩写，多指节能减排，保护环境。Ego 是"自我"的意思。

团起内衣，体味自在

想来，我之所以与断舍离相遇，并且在这条道路上不断精进，原因就是我想培养品位，换句话说就是养成自在力。

曾经的我，不知道该如何与收拾、整理、整顿这类"生活技巧"打交道。我总觉得，市面上流传的那些整理术和收纳术，总也解决不了根本问题。不仅如此，甚至反倒会导致人们陷入一筹莫展的境地。将那些放置不用的，对自己来说不需要、不合适、不舒服的物品整整齐齐地塞在家里，我认为，这样做只会招致混沌而已。

虽说有些人感觉得到，有些人感觉不到，但是基本上，我们每天都在笨拙地和物品缠斗，而且多以失败告终，将生活的主动权拱手让给了物品。我们既无法找到生活所真正需要的品位，更无法让其发挥出作用。

有些人或许会将父母的生活技巧当作范本。但可惜，我家的情况是，父母在这方面也不擅长。于是，笨手笨脚的一对母女便经常争执不休，妈妈会因为我擅自扔掉她的东西而生气，而她自己却总是买些莫名其妙的东西，把家里弄得乱七八糟，我俩就好像在通过物品宣示自己的势力范围一样。这样的戏码在我家反复上演。

最后，我认识到，我们对生活简直一窍不通。而且，让生活变得更加惬意的技巧，在学校里是绝对学不到的。这和在家政课上学到的东西似乎也不太一样。音乐有乐谱，做饭有菜谱，但没有人明确地告诉我们生活的技巧。况且，本应给我们树立榜样的上一代对此也是一窍不通，敷衍了事。大约100年来，我们一直处在这种绵延不绝的对生活的一窍不通里。

在此期间，物品的多样化达到了极致，数量也不断增加到了近乎泛滥的程度。不知不觉间，在我们的生活里，"丰富"被"过剩"取而代之。时代与社会的发展远比人类的进化要迅猛，并且在急剧地变化着。仔细想来，我们人类是不可能赶得上那种速度的。因此，我想在这里大胆提出断舍离所擅长的"给自己翻案"。

"这也是没办法的事情嘛！"

"因为我们所处的就是这样一个时代，这样一个社会。"

这样一想，是不是感觉轻松一点了？对了，这也是俯瞰力的功劳。

想来，我们不仅背负着物品，还牢牢背负着诸多不必要的观念，亲手束缚住自己，让自己动弹不得。

曾经的我也是如此，住处一片狼藉，心情一团乱麻，每天都觉得前途一片迷茫。我想要改变自己，却无从下手。命运一词太过沉重,让我觉得自己无能为力,甚至已经开始放弃。但是,**只要掌握了真正正确的知识,采取了正确的行动,知识就可以变成智慧,让我们掀起一场人生的革命。无须其他,只靠自身的力量就能做到。**

"幸福"究竟是什么?幸福的形态虽因人而异,但有一点却毋庸置疑,那便是对任何人而言,幸福都是一种"愉悦"的状态。还有就是获得真正意义上的自立、自由、自在。一直处于这种状态下的自己将会成为什么样的人,享受什么样的邂逅,恐怕真的只有上天才知道了。

为此,我们每天要付诸实践的是:

将毛巾竖起来收纳,方便拿取。实现自立。

将杯子分类整理,并排摆放,以便快速选用。实现自由。

将内衣团起来收进篮子里,让它们在里面自在地翻滚。实现自在。

然后,俯瞰居住空间,舍弃抽屉里、桌子上不需要的物品。重视在日常生活中锻炼"小小的勇气"。改变命运的开端,就在居住空间里。

人生是有限的。那么,我们该如何愉快地度过这段有限的时光呢?

起点永远是"从现在开始,从这里开始",以及"从我开始"。一场能够让你更加愉快、更加果敢地度过人生的空中之旅,已经开始了。

最后,我想用歌德这段充满力量的话语作为结尾,为我们的"起飞"加油鼓劲。

献身

当你开始做某件事时

有一条普遍适用的基本真理

若你不识此理

不计其数的灵感

无懈可击的计划

都将无用武之地

这条真理就是

当人下定决心

准备认真做某件事时

神的意志也将随之而动

原本不可能发生的桩桩好事

接踵而至

皆来助力

是决心

让事情势如破竹

向着有利的方向发展

那些做梦都不曾奢望过的

种种意料之外的好事

都会发生在你的身上

机缘与物质上的援助

也将纷至沓来

面对有可能做到的事情

面对梦想

别管其他

放手去做

胆魄中

自有睿智、力量和魔法

现在

就开始做吧

■ 日常生活中能够实现的自立、自由、自在

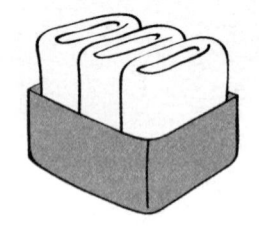

自立
将毛巾等布制品立起来，收纳进盒子里。

自由
将杯子、餐具等分类摆放，自由挑选。

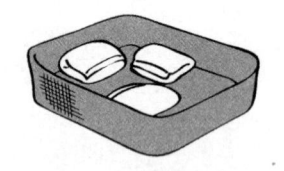

自在
将内裤、袜子等带有松紧带的衣物紧紧团起来，让它们自在翻滚。

后记
——观自在菩萨，观察存在于自己心中的"菩萨"

仅有260字的佛经《般若波罗蜜多心经》，是用"观自在菩萨"这五个字开头的。这么艰深的词语，从学术角度该如何解释，自然要交给专家来解答。

我初次与《般若波罗蜜多心经》相遇时，才20岁出头。当时，我不懂其中深意，只是把它出声诵读了出来。

哦，原来"观自在菩萨"说的是"观察自己寻求开悟之心，即菩萨心的所在。明白人人心中都住着菩萨"的意思啊。直到现在，我都记得自己独自一人领会其中奥妙，并深感认同的情景。

另一个引起我注意的词，便是"自在"。无论是文字本身，还是它的音韵，都深深吸引了我。

自在究竟是什么意思，怎样的状态才叫自在呢？

"不为他人左右，不受任何限制，自然本真地存在。"

如果这就叫自在，那么自在该有多么美妙啊。犹记得年轻时的我，一边着迷地出声诵读《般若波罗蜜多心经》，一边思索着"自在"和"菩萨"的深意。

现在，我又有了新的体会。

我们之所以要意识到，并不断观察自身内在的菩萨心，为的就是维持自然本真的姿态，换句话说，就是为了自在。

菩萨既不是被供奉在寺庙中的庄严神像，也不是出现在佛经中的遥远而尊贵的存在。

菩萨是"寻求开悟之人"。

是寻求开悟，为了普度众生、普度自己而不断修行的人。

姑且不论用"开悟"这样一个达观的词来表述是否合适，我们心中原本就有一种自然而然的欲求，那就是磨炼自己的知性、感觉和感性，从而拥有更高远的视角、更广阔的视野和更深刻的洞察力。更进一步的欲求，便是运用它们，开拓自己的人生，进而为他人做出贡献。没错，这些欲求虽然平时并未显露出来，但它们的的确确自然而然地存在着。

"断舍离"需要在日常生活中反复付诸实践。它绝不是修行,而是日复一日充满爱意的经营。

为了活出自我,自己去分析、思考、感受,一次又一次地自己做出选择与决断,积累经验。

"俯瞰力",是指为了活得自在,灵活自由地变换视角的能力。

菩萨,则是我们内心的状态,是上面所说的实践与能力的"源头"。

只有真诚地面对内心的真实状态,"自在力"才能尽情且充分地发挥出它真正的价值。

观自在菩萨,观察存在于自己心中的"菩萨"。

这是对自然本真的自我的认识。

这是对自然本真的生命的向往。

也是对他人的关怀与同情。

说到底,这也只是我自己的理解而已。但正是这种理解,孕育出了以度过愉快人生、尽情享受生命乐趣为目标的断舍离,并使其不断发展完善。

欢迎登上断舍离的最高舞台——"自在力"。在此向来到这里的各位致以我由衷的感激与满满的爱。

谢谢大家。

2013年8月

山下英子